パラマハンサ・ヨガナンダ
(1893 – 1952)

スピリチュアル
ダイアリー

心を高める毎日の言葉

パラマハンサ・ヨガナンダ 他

Self-Realization Fellowship
FOUNDED 1920 BY PARAMAHANSA YOGANANDA

英語原書
書　名：　Spiritual Diary
発行者：　Self-Realization Fellowship, Los Angeles (California)
ISBN-13:　978-0-87612-023-1
ISBN-10:　0-87612-023-0

Self-Realization Fellowshipにより日本語に翻訳

Self-Realization Fellowship
国際出版委員会認定

2018 年 日本語訳第一版発行
First edition in Japanese, 2018

2018 年 印刷
This printing 2018

ISBN-13: 978-0-87612-836-7
ISBN-10: 0-87612-836-3

1559-J5700

編集ノート

このダイアリーに収録された、心を高める言葉の多くは、パラマハンサ・ヨガナンダの著作から集められました。ヨガナンダ師は、ＳＲＦとＹＳＳの創設者であり、1917 年にインドでＹＳＳ（Yogoda Satsanga Society of India）を設立し、1920 年にアメリカでＳＲＦ（Self-Realization Fellowship）* を設立して、ＳＲＦとＹＳＳの国際本部としました。

ヨガナンダ師の生涯の仕事は、聖なる科学クリヤ・ヨガ ―― 人が直接神を体験できる瞑想技法 ―― を世に広めることでした。師は、インドのキリスト（救い主）であるバガヴァン・クリシュナの教えと、西洋のキリストである主イエスの教えが、本質的に同じものであることを詳しく説明しました。そして人類は、クリシュナやイエスやすべてのアヴァター（神の化身）の中にあらわれた普遍のキリスト意識と、意識的に交わることにより、神を父とする真の兄弟愛を知ることができると教えました。師は、聖なる願望

---

*　Self-Realization Fellowship の名称を、パラマハンサ・ヨガナンダは以下のように説明している。「真の自己を悟ることをとおして神と交わること、また真理を探究するすべての人々との親睦」を意味する。

を抱く多くの男女に、クリヤ・ヨガによって、どのようにして「世の光」であり、あまねく存在するキリスト意識と交流できるかを教えました。

パラマハンサ・ヨガナンダは著作の中で、傑出したＳＲＦの大師の方々（マハアヴァター・ババジ、ラヒリ・マハサヤ、自身のグルであるスワミ・スリ・ユクテスワ）にまつわる話を、たくさん書きとめています。ＳＲＦのスピリチュアル・ダイアリーには、これらの大師の方々が語った英知の言葉も収められています。また、ヨガナンダ師の二人の弟子、ラジャシ・ジャナカナンダとスリ・ギャナマタは、高い境地に達した西洋人の高弟でした。この二人の弟子の講話や手紙から集められた、心を啓発する言葉も収録されています。

ダイアリーのその日の言葉のあとには、引用先の人名と出典（誰の言葉か、どの本やどの出版物からの引用か）が記されています。その言葉の引用先として示された人名は、必ずしもそこに示された出版物の著者とは限りません。そこで読者の便宜を図るために、ダイアリーの最後に本のリストが掲載されています。またダイアリーに収録された言葉は、以下からの引用もあります。ＳＲＦのレッスン、PARA-GRAMS（ヨガナンダ師の短い言葉が個別に印刷されたカード集）、ＳＲＦの季刊誌。これらの出版物に関しては、ＳＲＦに直接お尋ねください。

SELF-REALIZATION FELLOWSHIP
3880 San Rafael Avenue
Los Angeles, California 90065
U.S.A.

序　文

SRF／YSS第三代会長
スリ・ダヤ・マタ
（スリ・ダヤ・マタは1955年から2010年に逝去されるまで、
SRF／YSSの会長および霊的指導者を務めました。）

「人が心の中で何かを考えると、そのとおりの人間となる」（『旧約聖書』箴言23：7）。この英知の言葉は、自分を成長させたいと思う人、そして人生の最高の目標（神）を実現しようと努力する人なら皆、心にとどめておくべき言葉かもしれません。私たちがいつも考えていることは、自分がどのような存在になるかに影響を与えます。私たちの人生の境遇、気分や習慣、成功と失敗は、多くの場合、私たちの考えが生み出したものです。実際、心の力は、万物の背後にあって創造の原因となり、創造を支配する力なのです。

積極的で心を高める考えに意識を集中するように訓練すると、長期にわたる明確な目標を達成するために、エネルギーを集中するのに役立ちます。私は何年も前に、偉大なグル、パラマハンサ・ヨガナンダの指導のもとで、この聖なる科学を用いる方法を学びました。毎日、真理の一端でもよいから取り上げて、その真理に心をとどめ、その真理にそって生きようと努力することは、人の内面的・外面的な生活に奇跡的な変化をもたらす効果があります。一日の最初に、指針となる何らかの真理に心をとどめるようにしてください。そうすることなしには、決して一日を始めないようにしましょう。

私たちは、物質的な義務にとらわれて、霊的な責任を忘れがちです。私たちは体の奴隷になっていますが、魂の義務についてはどうなのでしょうか？ 私たちの内にある神の似すがたは、神の特質である、永遠の命、計り知れない聖なる愛と英知、無限の喜びを、表に出したいと叫んでいます。神そのもの、そして神が持っておられるすべては、私たちが生まれながらに持つ神聖な権利により、私たちのものなのです。このことを知るのが、真の自己の悟りなのです。

このスピリチュアル・ダイアリーには、心を啓発するメッセージがのせられており、一年を通して毎日、皆さんを導いてくれます。物質的・霊的に努力して、これらのメッセージを応用すれば、皆さんの行動は、神聖な力で満たされます。真理について考え、善いことについて考え、神について考えてください。もし心が、神の光で満たされたなら、皆さんに暗闇はあり得ません。

スピリチュアル・ダイアリーの使い方

このダイアリーは、聖なる生き方の基本となる、聖なる考え方へと毎日導いてくれる手引書となるように作成されました。毎年の記念日のための言葉については、伝統的に特定の日が定まっている場合は、その特定の記念日のページに示してあります。日程が毎年変わる記念日、例えばイースター（復活祭）のような記念日については、通常その記念日がある月の最初のページに、そのための特別な言葉が記されています。

毎朝、その日の言葉を読んでください。そして、その言葉が意味するところを吸収するために、静かに座って瞑想しましょう。自分の生活の中に、どのように取り入れるのか、よく考えましょう。これらの言葉を生んだ、深い霊的な直覚とその力に、自分の心を同調させる努力をしてください。

日中は、できるだけその日の言葉を思い浮かべてください。深く集中して心の中で繰り返すか、状況が許すなら声に出して繰り返し唱えます。可能なかぎりの方法で努力して、実際にその言葉が、自分にも他の人にも生かされるようにしましょう。

夜眠る前に、心の中でその言葉をもう一度繰り返しましょう。そして、このスピリチュアル・ダイアリーに、あなたの精神的な自己観察や自己分析などについて記録しましょう。

このダイアリーに収録された真理について深く考え、それぞれの言葉が意味するところを実践しようと努力することによって、あなたの意識と日々の生活が、少しずつ変わっていくのがわかるでしょう。正しい考えは、正しい行動のきっかけとなります。正しい行動は、内なる平和と永続する幸福へと導いてくれます。そしてあなたは、真の自己の悟りへと、徐々に導かれていくのです。

1月1日　　新年

新年の幕開けとともに、限界という開かずの扉が開かれる。その扉を通り抜け、私はもっと広大な地へと歩を進めよう。そこで、私の価値ある人生の夢が実現されるのだ。

——パラマハンサ・ヨガナンダ（SRFの季刊誌より）

1月2日　　新年

新年における私からの一番大きな皆さんへの願い、そして祈りとは、悪い習慣となっている思いや行いを皆さんが捨ててしまうことです。悪い習慣を新しい年に引きずらないようにしましょう。悪習を身につけておく必要はないのです。あなたはいつ死んで、人間的なものすべてを捨て去ることになるかもしれませんが、そうなったら悪習も消えてしまいます。悪い習慣は、現在もあなたに属するものではないのです。自分のものと認めてはなりません！ 無用な考え、過去の悲しみ、悪習は、すべて置いて行きましょう。人生を新たに始めるのです！

——パラマハンサ・ヨガナンダ（SRFの季刊誌より）

1月3日　　新年

今年はどの悪習を追放するか、まず目標を立てなさい。それが決まったら、それを忘れないようにしなさい。次に、もっと神に時間をささげる決心をしなさい。つまり、毎日規則正しく瞑想し、一週間に一度は夜数時間瞑想し、自分の霊的進歩が感じられるようになりなさい。クリヤ・ヨガを忠実に実行し、食欲や情動を抑制しようと決心しなさい。自分自身の主人になりなさい！

――パラマハンサ・ヨガナンダ（『人間の永遠の探求』）

1月4日　　グル

　霊的な探求を始めたばかりの頃は、様々な霊的な道や教師を比べてみるのが賢明です。しかし、あなたに定められた真の教師、すなわち、あなたを聖なる目的地に導く教えをたずさえたグルを見つけたら、せわしなく探求することを終えるべきです。霊的な渇望のある人は、いつまでも新しい井戸を探し続けていてはなりません。それよりも、一番よい井戸のところに行って、生きた教えという水を毎日飲み続けるべきです。

――パラマハンサ・ヨガナンダ（SRFレッスンより）

パラマハンサ・ヨガナンダ生誕記念日

もし私に出会えなかったとしても、私はどこか他の場所であなたのために働いていると覚えていてください。私にいつも会っていたからといって、必ずしもあなたの役に立つ訳ではありません。規則正しく深く瞑想することで、もっと多くを受け取ることができます。私はあなたを、今世だけでなくその先まで助けるために、ここにいるのです。

——パラマハンサ・ヨガナンダ（講話より）

わたしは 何度でも
自分の舟を漕いで生死の淵を渡り
天の家から 地上の岸辺に戻りたい。
渇きを訴えて待つ 残された人々を乗せて
玉虫色の喜びにきらめく
オパール色の泉のほとりに運ぶために。
そこでは わたしの父が
すべての欲望を鎮める安らぎの水を注いでくれる。

——パラマハンサ・ヨガナンダ（『人間の永遠の探求』）

1月7日　　グル

おお、私のグルよ！ たとえすべての神々が激怒しようとも、あなたが私に満足しているのなら、あなたの喜びという砦《とりで》のなかで、私は安全です。たとえすべての神々の恵みという防護壁で守られていたとしても、あなたの祝福がないのなら、私は、あなたの不興《ふきょう》という廃虚に置き去りにされて、霊的にやせ衰えた孤児にすぎません。

おおグルよ、あなたは混乱の地から平和の天国へと、私を引き上げてくださいました。悲しみという眠りは終わり、私は喜びの内に目覚めています。

——パラマハンサ・ヨガナンダ（『Whispers from Eternity』）

1月8日　　グル

神があなたがたを求めているからこそ、私はあなたがたと共にここにいて、神の家に戻るよう呼びかけているのです。その家には、私の愛するお方が、そしてキリスト、クリシュナ、ババジ、ラヒリ・マハサヤ、スリ・ユクテスワジやほかの聖者たちがおられます。主はこうおっしゃっています。「おいで、わたしの内で聖者たちはみな喜びに包まれている。この世のどんな喜びも ——食べ物の味も、花の美しさも、世俗の愛の束《つか》の間の喜びも——わたしの家の聖なる喜びとは、比べようもない。」

ただ一つの“実在”があるだけです。それは神です。ほかはすべて忘れてしまいなさい。

—— パラマハンサ・ヨガナンダ（『Divine Romance』）

1月9日　グル

自分のグルを見つけたら、無条件に帰依すべきです。なぜならグルは、神の使いだからです。グルの唯一の目的は、弟子に真の自己を悟らせることであり、弟子がグルに捧げた愛は、グルから神へと捧げられます。

――パラマハンサ・ヨガナンダ（『パラマハンサ・ヨガナンダの言葉』）

1月10日　グル

私は、あなたがたと離れていても、寂しく思うことはありません。なぜなら心の内に、あなたがたはいつも、今も将来も永遠に、私と共にいるからです。この世に生きていても、あるいは死という門をくぐり抜けても、私たちはいつも、神の内で共にいるのです。

――パラマハンサ・ヨガナンダ（数人の弟子たちに向けて）

1月11日　グル

ふつうの求道者は、グルなくして神を見つけることはできません。必要とされるのは、熱心に瞑想技法を実践することで、これが25%を占めます。そして、グルからの祝福が25%、神の恩寵《おんちょう》が50%です。最後まで不動の努力をし続けるのなら、神はあなたの前に現れます。

——パラマハンサ・ヨガナンダ（SRFの季刊誌より）

1月12日　　従順

真の弟子は、すべてにおいて自分のグルに絶対に従います。なぜなら、グルは純粋な英知の人だからです。

——パラマハンサ・ヨガナンダ（SRFの季刊誌より）

1月13日　従順

もし私たちが、神の意志に同調している大師《マスター》の英知に、自分の意志を従わせるなら、大師は私たちの意志を導いて、神へと戻る道を速やかに進ませようとしてくださいます。聖者と世俗の人間との決定的な違いは、聖者は神の意志に自分の意志を同調させているということです。

——ラジャシ・ジャナカナンダ
（『Rajarsi Janakananda: A Great Western Yogi』）

1月14日　従順

この道を学ぶ人がこのように言うことがあります。「誰それさんは私より霊的に成長しています。どうしてでしょう？」そこで私は答えます。「彼は聞くことを知っているのです。」あらゆる宗教に挙げられている基本的な倫理的規範を、深く集中して聞くようにすれば、人は皆、自分の人生を変えることができます。時代を超えた英知に注意深く耳を傾けるのを邪魔しているのは、ほとんどの人の心の中にある、利己主義という石のように固い芯です。

──パラマハンサ・ヨガナンダ
(『God Talks With Arjuna: The Bhagavad Gita』)

1月15日　　従順

グルの英知に同調するためには、グルに忠実に従うことが必要です。神を悟ったグルの望みに従うというのは、奴隷になることではありません。なぜならグルの望みとは、独立と自由を与えることだからです。真のグルは、神のしもべであって、あなたを解脱に導くという神の計画を実行しようとしているのです。このことに気がつけば、あなたは神の内に完全な自由を見つけるまで、いつも従順でいられるでしょう。

――パラマハンサ・ヨガナンダ（SRFの季刊誌より）

1月16日　　従順

　神の悟りを得ない限り、あなたに自由はほとんどありません。あなたの人生は、衝動や、気まぐれ、気分、習慣、環境に支配されています。グルの助言に従い、グルの訓練を受け入れると、あなたは少しずつ、感覚の奴隷状態から抜け出すことができます。

──パラマハンサ・ヨガナンダ（『パラマハンサ・ヨガナンダの言葉』）

1月17日　従順

私に同調している人に、神への愛の種をまくことは、私にとって簡単なことです。私の望みに従う人は、実際には私に従っているのではなく、私の内におられる天の父に従っているのです。神は人に直接お話しになるのではなく、グルという伝達経路とその教えをお使いになるのです。

——パラマハンサ・ヨガナンダ（SRFの季刊誌より）

1月18日　従順

　最も偉大な大師の方々でさえ、ご自身のグルの言葉を謙虚に聞き入れます。なぜなら、それが正しい道だからです。

――パラマハンサ・ヨガナンダ（SRFの季刊誌より）

1月19日　従順

　仕事をするときに、したくないと思っていると、最初から疲れてしまいますが、喜んでしようと思っていると、エネルギーがあふれてきます。いつも喜んで働きなさい。そうすれば、あなたは疲れを知らない神の力に支えられているのがわかるでしょう。

——パラマハンサ・ヨガナンダ（SRFの季刊誌より）

1月20日　内観

　成長するための秘訣は、自己分析です。内観すれば、ふだんは隠れて見えない心の奥を、鏡に映すように見ることができます。自分が失敗した原因を突き止め、自分の長所と短所を整理してみましょう。自分はどういう人間か、何になりたいのか、そしてそれを妨《さまた》げている自分の短所とは何かを分析してみましょう。

——パラマハンサ・ヨガナンダ（『成功の法則』）

1月21日　　内観

人間として生まれた以上、だれもが冷静に自己を分析することを学ぶべきです。毎日、自分の考えたことや抱いた欲望を書き留めなさい。そして自分のありのままの姿を見定めなさい。想像の自分ではありません。だれでも自分の好ましい姿だけを想像したがります。ほとんどの人はこうして自分の欠点を直視しないため、変わらないのです。

――パラマハンサ・ヨガナンダ（『人間の永遠の探求』）

1月22日　　内観

自分自身を、なるべき自分、なりたいと思う自分にするよう努力しましょう。そして絶えず神を思い、神の意志に心を合わせたとき、あなたはもっと確実に進歩しながら、自分の道を歩んでゆくでしょう。

――パラマハンサ・ヨガナンダ（『成功の法則』）

1月23日　　内観

心の中で日記をつけると良いでしょう。毎晩床に就く前に、しばらく座ってその日を振り返るのです。自分がどのような人物になろうとしているのか、よく見てみましょう。あなたの人生は良い方向に向かっていますか？ そうでなければ、変えましょう。

——パラマハンサ・ヨガナンダ（『パラマハンサ・ヨガナンダの言葉』）

1月24日　　内観

自分の短所は大目に見ても、他人について厳しく裁く人が多いものです。しかし私たちはこの態度を逆にして、他人の欠点には寛大で、自分の欠点は厳しく調べるようにすべきです。

――パラマハンサ・ヨガナンダ（『成功の法則』）

1月25日　　内観

あなたが何かに気づくのは、それに関係する波動が自分自身の内にあるからです。ほかの人の内に目ざとく悪い点を見つけ判断する人は、同じような悪い種を自分の内に持っているのです。純粋で気高い波動を持つ神のような聖者は、自分が接するすべての人の内にある、神の火花にいつも気づいています。このような聖者の魂の波動は、磁石のように強烈に、自分の波動の領域にやって来た人の中から、同じような波動の力を引き寄せるのです。

——パラマハンサ・ヨガナンダ（SRFレッスンより）

1月26日　　内観

もし自分が毎日、怒りっぽくなったり、気難しくなったり、噂好きになったりしているなら、自分が退歩していると分かります。これを判断する最良の方法は、自己分析をして、昨日より今日の自分の方が幸せかどうかを見分けることです。もし今日の方が幸せだと感じるなら、あなたは成長しています。そしてこの幸福感は続いていかなければならないのです。

——パラマハンサ・ヨガナンダ（SRFレッスンより）

1月27日　　内観

他人を分析し性格に応じて分類することは、一般的に程度の差こそあれ簡単なことです。自分自身に厳しく正直に光を当てることは、たいていの場合、より困難です。しかしこれは、何を改善し何を変えるべきかを突きとめるために、しなければならないことです。自分の性格を見極めるに当たって一つの目標となるのは、自分が他人にどのような影響を与えているかを知ることです。人々は意識的、無意識的にあなたの性格を感じとっているので、人々の反応は手がかりになります。

——パラマハンサ・ヨガナンダ（SRFレッスンより）

1月28日　　内観

もっと自分自身の内面を観なさい。そして、神が至る所に遍在したまうことを思い出しなさい。超意識の中に深く入り込むことによって、あなたの心は永遠の次元を通って加速され、大空の星よりも遠くまで行くことができます。人間の心には、その奥にある真理を照らし出すために、超意識光線を照射するサーチライトが備え付けられているのです。それを使いなさい。

──パラマハンサ・ヨガナンダ（『人間の永遠の探求』）

1月29日　　内観

間違ったことをしているときは、自分で分かります。あなたの全存在がそれを知らせます。その感じが神の声です。もし神の声に耳を傾けなければ、神は沈黙されます。しかし、あなたが再び霊的に目覚めたときに、神は導いてくださいます。神は、あなたの行いや考えを、良いことも悪いことも見ておられますが、たとえ何をしようとも、あなたが神の子であることに変わりはないのです。

――パラマハンサ・ヨガナンダ（SRFレッスンより）

1月30日　内観

自分には耐えられないように思えることから、心のなかで逃げだそうとしているとき、いつもこの真理を思い出します。そのとき私はこのように考えるのです。「私は逃げている。克服しようとせずに。」

──スリ・ギャナマタ
(『God Alone: The Life and Letters of a Saint』)

1月31日　　内観

内なる良心の声 ―― 神の声にいつも従うことで、あなたは真に道徳的な人間、高度に霊的な人物、平和の人になるのです。

――パラマハンサ・ヨガナンダ（講話より）

2月1日　　内なる脱俗

人生を楽しむのはよいことですが、幸福の秘訣は、何事にも執着しないことです。花の香りを楽しんだら、その中に神を観なさい。私は自分の感覚を、いつもそこに神を感じ神を思うためにのみ使ってきました。「私の目は、万物の中にあなたの美を見るためにつくられました。私の耳は、あなたの遍在のみ声を聞くためにつくられました」――このような神との一体感がヨガです。神を見つけるのに、森や山奥に入る必要はありません。執着は、自分自身を世俗的慣習から脱け出させるまでは、どこへ行ってもついて来ます。ヨギは自分の心の洞窟で神を見つけます。そして、どこへ行くにもその意識をもってゆき、いつも神とともにいる至福を感じています。

――パラマハンサ・ヨガナンダ（『人間の永遠の探求』）

2月2日　内なる脱俗

行為の成果への欲望を持つことなく、行為に従事することが、真のティヤーガ（脱俗）です。神は聖なる脱俗者です。なぜなら、神は全宇宙を運行させ続けていますが、そのことに何の執着もないからです。真の自己の悟りを熱望する者は、僧侶であろうと家庭人であろうと、神の創造のドラマに感情的に巻き込まれることなく、神のために行動し、神のために生きなければなりません。

――パラマハンサ・ヨガナンダ
（『God Talks With Arjuna: The Bhagavad Gita』）

2月3日　　内なる脱俗

物への強い執着が一つあったために、神の国すべてを失ってしまわないようにと、聖者は無執着を強調しています。放棄とか脱俗というものはすべてを捨ててしまうことではありません。それは永遠の至福を手に入れるために束《つか》の間の楽しみを手離すことなのです。

——パラマハンサ・ヨガナンダ（『神と話をする方法』）

2月4日　　内なる脱俗

脱俗は、目的ではなく手段です。真の脱俗者とは、神のためを第一に考えて生きる人のことで、外面的な生活のしかたには関係ありません。神を愛し、神を喜ばせるために生きる——大切なのはこのことです。それを実行すれば、あなたは神を知ることができます。

——パラマハンサ・ヨガナンダ（『人間の永遠の探求』）

2月5日　内なる脱俗

心の中ではすべてを手放して、自分は複雑な宇宙映画の中の、一つの役を演じているに過ぎないと気づいてください。その役はいずれ必ず終わります。そして、あなたはそれを夢として忘れてしまいます。まわりの環境は、私たちを惑わして、私たちの今の役割と試練がいかにも重要であるかのように見せかけます。このような、いっときの意識を超越してください。内なる神を悟って、神以外の何ものも自分の人生に影響を与えないようにしましょう。

——パラマハンサ・ヨガナンダ
（『Rajarsi Janakananda：A Great Western Yogi』）

2月6日　内なる脱俗

怠け者が神を見つけることは決してありません。怠けて何もしない心は、悪魔の仕事場と化してしまいます。しかし、生活のために働きつつも、行為の結果に期待を抱かず、神のみを切望する人は、本当の脱俗者です。

——パラマハンサ・ヨガナンダ（『パラマハンサ・ヨガナンダの言葉』）

2月7日　　内なる脱俗

脱俗とは、賢明な道であり、より大きなもののために小さなものを喜んで手放す求道者の歩む道です。その道を行く者は、永遠の喜びのために束《つか》の間の感覚の悦楽を断念します。脱俗は、それ自体が目的なのではなく、魂の特質をあらわし出すための土台をつくります。自己否定の厳しさを恐れるべきではありません。これによって得られる霊的な恵みは大きく、比べられるものなどありません。

―― パラマハンサ・ヨガナンダ
(『God Talks With Arjuna: The Bhagavad Gita』)

2月8日　内なる脱俗

　自分が所有できなかったものを欲しいと思うような、何か小さい人間的な願望を感じたら、すぐにこの質問が、私の魂に問いかけられます。「あなたは何のために（大師の僧院に）来たの？」答えはいつも、「神だけのために」。たちまちのうちに、ふたたび私の視界は開けて、もう遮《さえぎ》られなくなります。これが私の弟子としての、揺らぐことのない不動の事実です。

――スリ・ギャナマタ
（『God Alone: The Life and Letters of a Saint』）

2月9日　　内なる脱俗

放棄（脱俗）とは、否定的なことではなく、建設的なことです。放棄のために捨てなければならないのは、不幸のもととなる事柄だけだからです。放棄を犠牲の道だと考えるべきではありません。放棄とはむしろ、神聖な投資です。自己訓練という数セントを投資すれば、やがて霊的な百万ドルが産み出されます。永遠なる神を買うために、あっという間に過ぎ去る日々という金貨を使うのは、賢明なことではありませんか？

――パラマハンサ・ヨガナンダ（『パラマハンサ・ヨガナンダの言葉』）

2月10日　　聖なる愛

神はわれわれに、この迷妄の世界から抜け出してほしいと思っておられます。神は、われわれを哀れんで泣いておられます。神の救済を得るのがどれほど困難かをご存知だからです。けれどもあなたは、自分が神の子だと思い出しさえすれば良いのです。自分自身を哀れんではなりません。あなたは、イエスやクリシュナと同じだけ神から愛されているのです。神の愛を求めなければなりません。なぜなら神の愛の中に、永遠の自由、尽きない喜び、不滅の生命があるからです。

——パラマハンサ・ヨガナンダ（『The Divine Romance』）

2月11日　聖なる愛

最高の恋《ロマンス》は、無限なるお方との恋《ロマンス》です。それによって人生がどんなにすばらしくなるか、あなたにはまだ想像もつかないでしょう。あなたが、ある日突然、至る所に神を見つけたとき、そして神があなたのところに来られて話しかけ、導いてくださったとき、あなたと神との聖なるロマンスが始まるのです。

——パラマハンサ・ヨガナンダ（『人間の永遠の探求』）

2月12日　　聖なる愛

神の愛だけが唯一の真実です。神の愛に気づかなければなりません。それは実に偉大で、実に喜びにあふれていて、どんなに素晴らしいかを皆さんに話し始めることさえできません！ この世で人は「私はこれをして、あれを楽しむ」などと考えます。けれども、たとえ何をして何を楽しもうと、必ず終わりが来ます。しかし、私が感じている神の愛と喜びに、終わりはありません。神の愛をひとたび味わえば、人はそれを忘れることができません。あまりにも素晴らしいので、何か代わりのものを求めようとは決して思わないのです。私たち皆が本当に求めているのは、神の愛です。そして神の愛は、皆さんがより深く悟ったときに、得ることができるのです。

――ラジャシ・ジャナカナンダ
(『Rajarsi Janakananda: A Great Western Yogi』)

2月13日　聖なる愛

神は「他の何よりもわたしを求めなさい」とは言われません。神がお望みなのは、「神に促《うなが》された」から捧げた愛ではなく、私たちが自ら進んで捧げた愛だからです。これが、この宇宙で繰り広げられているゲームの秘密なのです。私たちを創られたお方が、私たちの愛を求めておられます。私たちが神に頼まれたからではなく、自発的に神を愛することを、神は望んでおられます。私たちの愛は神が持っておられない唯一のものであり、私たちが神に愛を差し上げようとしない限り、神はその愛を手にすることができません。つまり、皆さんお分かりでしょう、神でさえ、何かしら手に入れたいものがあるのです。それが、私たちの愛です。そして 私たちも、この愛を捧げないうちは決して幸せにはなれません。

――パラマハンサ・ヨガナンダ（『神と話をする方法』）

（バレンタインデー）

神は最も近くにおられ、最も愛すべきお方です。守銭奴がお金を愛するように、情熱的な男が恋人を愛するように、溺れる者が空気を求めるように、神を愛しなさい。あなたが神を熱烈に慕い求める時、神はあなたのもとに来られます。

——パラマハンサ・ヨガナンダ（『パラマハンサ・ヨガナンダの言葉』）

2月15日　　聖なる愛

私の疑問はすべて、人によってではなく、神によって答えが与えられてきました。神はおられます。神はおられるのです。私を通して皆さんに話しかけているのは、神の霊です。私が話しているのは、神の愛です。何という感激に次ぐ感激でしょう！ 優しいそよ風のように、神の愛が、魂に吹きよせます。昼も夜も、毎週毎週、年ごとに、ますます強くなります——終わりがどこにあるのか見当もつきません。これこそ皆さんが、皆さん一人ひとりが、求めているものです。皆さんは、人間的な愛や繁栄を求めていると思っていますが、その背後で皆さんを呼んでいるのは、父なる神なのです。神のどのような贈り物よりも、神ご自身の方が偉大であることに気づいたら、あなたは神を見つけます。

——パラマハンサ・ヨガナンダ（『The Divine Romance』）

2月16日　　聖なる愛

神への愛をつちかいなさい。そして、あなたの目を見れば、神に酔いしれているのが分かるほどになりなさい。また、「神はいつ来てくださるのか？」などと尋ねていないのが分かるほどになりなさい。このような質問をしているのなら、あなたは、神の帰依者と言えません。神を愛する人はこのように言います。「私には神がおり、私の言うことを聞いてくださいます。愛する神はいつも私と共にいてくださいます。私の手を動かし、食べた物を消化してくださり、星々を通して私を見守ってくださるのです。」

——パラマハンサ・ヨガナンダ（講話より）

2月17日　　聖なる愛

暗闇の中にあっても、心が決して揺るがず、神を愛し切望する気持ちが決して弱まることがないのなら、そのときこそ、自分は本当に神への愛を抱いていると分かるのです。

――スリ・ギャナマタ
(『God Alone: The Life and Letters of a Saint』)

2月18日　聖なる愛

主はこう命じられました。「あなたはわたしのほかに、何ものをも神としてはならない。自分のために、刻んだ像を造ってはならない。」* この言葉が意味しているのは、われわれは被造物を創造主より高く崇《あが》めるべきではないということです。われわれは、自然や家族、友人、仕事、財産への愛が、われわれの心の中にある至高の玉座を占めるのを許してはなりません。それは、神のための場所なのです。

──パラマハンサ・ヨガナンダ（『パラマハンサ・ヨガナンダの言葉』）

---

*『旧約聖書』出エジプト記 20:3-4

2月19日　　聖なる愛

神の愛はすべてを包み込むので、神は、私たちがどんなに悪いことをしてきたとしても、許してくださいます。全身全霊で神を愛するなら、私たちのカルマも消し去ってくださいます。

――パラマハンサ・ヨガナンダ（SRFの季刊誌より）

2月20日　聖なる愛

あなたが、他のだれからも誤解されたとしても、神だけはあなたを理解してくださいます。神は、聖なる恋人です。あなたがどんな過ちを犯しても、常にあなたを大切にしてくださいます。人は、しばらくは愛情を与えてくれても、後であなたを置いていってしまいますが、神があなたを見捨てることは決してありません。

神は日々、無数の方法で、あなたからの愛を求めておられます。あなたが神を拒んだからといって、神があなたを罰することはありません。しかし、あなたは自分で自分を罰することになります。そして「“わたし”に背くものは、すべてに背かれる」のだと分かるでしょう。

——パラマハンサ・ヨガナンダ(『パラマハンサ・ヨガナンダの言葉』)

2月21日　聖なる愛

神の愛を、言葉で言い表すことはできません。しかし、心が清められ、揺るがなくなってくると、神の愛を感じられるようになります。心と感情を内に向けていくと、神の喜びを感じ始めます。五感の喜びは長続きしませんが、神の喜びは永遠に続きます。匹敵するものなどありません！

——パラマハンサ・ヨガナンダ（『Divine Romance』）

2月22日　　謙虚さ

うぬぼれとは、目くらましであり、偉大な方々が持つような広大な視界をさえぎり、見えなくしてしまいます。謙虚さとは、開かれた水門であり、神の慈悲と力はこの水門を通って、受け入れることのできる人に、あふれるように流れ込みます。

――パラマハンサ・ヨガナンダ（SRFレッスンより）

2月23日　謙虚さ

神こそが行為者であって自分ではないと気づくことから、謙虚さが生まれます。そのことに気づいたら、何を成し遂げようと自慢などできるでしょうか？ どのような仕事をしていても、神があなたを通してなさっているのだと思い続けるようにしなさい。

――パラマハンサ・ヨガナンダ（SRFの季刊誌より）

2月24日　　謙虚さ

最も偉大な人物とは、イエスがお教えになったように、自分自身を最も低く考えるような人です。真の指導者は、まず他人に従うことを学んだ人であり、自分がすべての人のしもべであると感じ、自分を決して人より高い位置に置かない人です。おだててもらいたがるような人は、称賛に値しませんが、われわれに奉仕してくださる人は、われわれの愛を受ける資格があります。神はご自身の子供たちのしもべではなかったですか？ 神は称賛を求めましたか？ いいえ、神はあまりにも偉大なので、称賛などには動かされないのです。

―― パラマハンサ・ヨガナンダ（『パラマハンサ・ヨガナンダの言葉』）

2月25日　謙虚さ

たとえこの世での自分の仕事が、取るに足らないものであったとしても、それを申し訳なく思うことはありません。あなたは神から与えられた義務を果たしているのですから、誇りに思うべきです。神はあなたを、その場所で必要としておられるのです。すべての人が同じ役割を演じることはできません。神を喜ばせるために働くのなら、宇宙の力はみな調和してあなたを助けてくれるでしょう。

——パラマハンサ・ヨガナンダ（『成功の法則』）

2月26日　謙虚さ

「中途半端な知識は危険なもの」と言います。というのも、求道者は何かを“知った”だけで、自分はそのとおりの人物だと勘違いして、うぬぼれや自己満足を感じてしまうかもしれないからです。「驕《おご》れる者久しからず」という諺《ことわざ》があります。自画自賛する人は、一層の努力を怠《おこた》りがちです。……思い上がることのない人だけが、神と一つになるまで、霊的にますます豊かになっていくのです。

――パラマハンサ・ヨガナンダ
(『God Talks With Arjuna: The Bhagavad Gita』)

2月27日　謙虚さ

謙虚さは、思いやりや理解のある心のあらわれであり、ほかの人々が見習う偉大な模範となります。

——パラマハンサ・ヨガナンダ（SRFレッスンより）

2月28日　謙虚さ

神の慈悲の雨が降っても、うぬぼれという山の頂《いただき》には、水がたまることはありません。しかし、謙虚さという谷間には、雨の水はいとも簡単に流れ込みます。

――パラマハンサ・ヨガナンダ（『パラマハンサ・ヨガナンダの言葉』）

2月29日　　謙虚さ

おお、万物の創造主よ！ あなたの夢の園のなかで、私を喜びに輝く花にしてください。それとも、私を小さな星にしてください。あなたの天空という広大なネックレスの、きらめく一粒のビーズとして、私をあなたの永遠の愛という糸でつないでください。

あるいは、私に最高の栄誉を、つまり、あなたの心のなかの一番つつましい場所をお授けください。そこで私は、生命という最も気高い幻が、創造されるのを見つめるのです。

――パラマハンサ・ヨガナンダ（『Whispers from Eternity』）

3月1日　師弟関係

あなたが師弟関係の原則に忠実でいるなら、霊的な道はとても楽になります。そのとき道を踏み外すことはありません。惑わしが、どれほどあなたを霊的な道から引き離そうとしても、神を実体験した師は、あなたの問題を知っており、あなたが落ち着きを取り戻して霊的な道を歩めるように助けてくださいます。もしあなたが師と同調していれば、師はこのようにしてくださるのです。

――パラマハンサ・ヨガナンダ（『Journey to Self-realization』）

3月2日 師弟関係

生徒というものは、自分の好みにもとづいて、程度の差こそあれ、表面的に師に従うものです。一方、弟子は、開かれた心と精神で師のすべてを受け入れます。弟子は、おだてられるようなことがなくても、自分の意志と、自分の決心で師に従います。最終的に神の内に自由を見いだすまで、揺るがず、ひたむきに献身しつづけるのです。

――パラマハンサ・ヨガナンダ（『The Second Coming of Christ: The Resurrection of the Christ Within You』）

この世のよき羊飼いである大師たちは、天から降りてきて、暗闇の中でさ迷っている弟子たちを捜すために一生をささげてくださいます。荒れ果てた危険な場所で弟子を捜し当て、呼び起こし、聖なる肩に乗せて、羊の群れがいる安全な場所へ、喜んで連れて行ってくださるのです。そして弟子に、天上の食べ物を与え、生ける水をくださいますが、それを口にし、飲んだ人は、永遠に生きます。* 大師たちは、神の子となる力を、弟子に与えてくださるのです。羊飼いの声を知る羊（弟子）を救い出すために、ご自身の命を、最後の肉の一片、最後の血の一滴にいたるまで差し出してくださるのです。

——スリ・ギャナマタ
（『God Alone: The Life and Letters of a Saint』）

* 『新約聖書』ヨハネ 4:10-14, 6:50-51, 7:37-39（訳注）

3月4日　師弟関係

グルと弟子は、互いに忠誠を尽くし合うことが義務です。一度の人生だけではなく、神に到達するために必要であれば、何度生まれ変わろうとも、そうするのが義務なのです。グルに対して100パーセントの忠誠を尽くす人は、究極の自由と解脱を必ず得ることができます。たくさんの教師を持つことがあるかもしれませんが、グルは一人だけです。グルは、弟子が神の内に自由を得るという最終目的に到達するまで、何度生まれ変わろうと、グルであり続けます。ひとたびグルと弟子の関係が確立したならば、このことを覚えていなければなりません。

――パラマハンサ・ヨガナンダ（SRFレッスンより）

3月5日　　師弟関係

あなた（パラマハンサ・ヨガナンダ）がこれまで与えてくださった霊的訓練は、ずっと完璧であったし、今も完璧です。もし仮にグルが評価されなければならないとしても、似た者同士が友情をはかるような物差しによって、評価できるものではありません。私にはいつも、それがわかっていました。

——スリ・ギャナマタ
（『God Alone: The Life and Letters of a Saint』）

3月6日　師弟関係

グルと弟子との間の友情は永遠のものです。弟子がグルの訓練を自分から望んで受け入れるとき、そこには完全な信頼関係があり、少しの強制もありません。

——パラマハンサ・ヨガナンダ（『人間の永遠の探求』）

パラマハンサ・ヨガナンダ　マハサマディ

私のからだは消え去るでしょうが、私の仕事は進み続けます。そして私の精神も生き続けます。私がこの世を去っても、神のメッセージを通してこの世を救うために、私はあなたがた皆とともに働くでしょう。自分自身を神の栄光のために備えなさい。自分自身を神の炎でみなぎらせなさい。

——パラマハンサ・ヨガナンダ（『The Divine Romance』）

3月8日　　師弟関係

スワミ・スリ・ユクテスワより
弟子パラマハンサ・ヨガナンダへ

「お前がどれほど低い精神状態にあっても、最高の英知をもった状態にあっても、わたしは今から永遠にお前の友となろう。

たとえお前がまちがいを犯したとしても、わたしはお前の友でいよう。なぜなら、そのような時にこそ、わたしの友情が最も必要になるのだから。」

——スワミ・スリ・ユクテスワ（SRFレッスンより）

3月9日　師弟関係

スワミ・スリ・ユクテスワ　マハサマディ

スワミ・スリ・ユクテスワのマハサマディ（偉大なヨギが最後に意識的に肉体を去ること）から3ヶ月以上が過ぎた1936年6月19日、スワミ・スリ・ユクテスワはパラマハンサ・ヨガナンダの前に、生前と同じ肉体の姿で現れました。そのときにスワミ・スリ・ユクテスワがパラマハンサ・ヨガナンダに語った言葉です。

「もうわたしのために嘆くのはやめなさい。……われわれ二人のからだが、神の幻術《マーヤ》の夢の中で別々に見える間は、互いに笑みを交わし合おうではないか。そして、ついには愛するおかたの中で、ともに一つに溶け合うのだ。そのとき、われわれのほほえみを無限なるおかたのほほえみとし、永遠の虚空に鳴りひびくわれわれの歓喜の歌声を、神に意識を合わせる魂たちに聞かせようではないか。」

――スワミ・スリ・ユクテスワ（『あるヨギの自叙伝』）

3月10日　　師弟関係

　私の師は、英知の“のみ”という刃物を使う方法を教えてくださり、私が自分自身を、神を受け入れるにふさわしい寺院に彫り上げることができるようにしてくださいました。神を悟った大師たちの教えに従えば、どの人にも同じことができます。

——パラマハンサ・ヨガナンダ（SRFレッスンより）

3月11日　意志の力

神の似すがたに創られた人間は、自分の内に、なんでも成し遂げられる意志の力を与えられています。正しい瞑想法によって、神の意志に心を合わせる方法を見つけることは、人間の最も重要な義務です。

――パラマハンサ・ヨガナンダ（『成功の法則』）

3月12日　　意志の力

原動力を生み出す意志の力を育てるために、これまで自分にはできないと思っていた事の中から、何かをやってみようと決心しましょう。最初は簡単なものから試してみます。自信がついて、意志が強力になってきたら、より困難な目標に挑戦してみるとよいでしょう。自分が正しい目標を選んだかどうかをよく確かめ、そのあとは、失敗に負けることなど断固として拒否しなさい。あなたの意志の力すべてを、一時に一つの事を成し遂げるために集中するのです。自分のエネルギーを分散させたり、一つの目標をやりかけにしたまま別の目標に取りかかってみたりしてはいけません。

——パラマハンサ・ヨガナンダ（『成功の法則』）

3月13日　意志の力

人間の意志は、誤った考えに導かれると、私たちを誤った方向へと連れて行ってしまいます。しかし英知に導かれれば、人間の意志は、神の意志に同調するようになります。私たちのために用意された神の計画は、多くの場合、日常生活のあつれきの陰に隠されて、よく見えなくなってしまいます。そのために私たちは、自分を苦難の淵より救ってくれる、内なる英知の導きを見失ってしまうのです。

——パラマハンサ・ヨガナンダ（『成功の法則』）

3月14日　　意志の力

　自分の求めているものが自分にふさわしいものであり、神の目的にかなうものであることを、内なる自己の静寂のなかで、常に確かめておかなければなりません。こうしてあなたは、すべての力とすべての成功の源である神への思いに、心を集中させたままで、目的達成のために、自分の意志の力のすべてを使えるようになります。

——パラマハンサ・ヨガナンダ（『成功の法則』）

3月15日　意志の力

心は何でもつくり出します。それゆえあなたは、善いものだけを生み出すように、心を導かなければなりません。もしあなたが、原動力を生み出す意志の力を使って、何か一つの考えをひたすら思い続けていると、それはやがて現実の姿となってあらわれます。自分の意志を、常に建設的な目的のために使えるようになったとき、あなたは自分の運命の支配者になるのです。

――パラマハンサ・ヨガナンダ（『成功の法則』）

3月16日　　意志の力

人生で遭遇するあらゆる障害を克服するために、生まれつきの能力だけでなく、実行可能なありとあらゆる手段を用いるようにすれば、そうすることによって、あなたは神から授かった力（無限の力であり、あなたという存在の深《しん》奥《おう》にある力から湧き出ます）を発達させることができます。あなたには、考える力と意志の力が与えられています。神から授けられたこの贈り物を、最大限に活用しましょう。

──パラマハンサ・ヨガナンダ（『成功の法則』）

3月17日　　意志の力

あなたは、決心しさえすれば何でもできるのです。神はすべてのすべてであり、あなたの中には、その神の似すがたがあるからです。神は、どんな事でもできます。ですから、あなたも自分の中に神の無限の性質があることを自覚すれば、できない事はないのです。

――パラマハンサ・ヨガナンダ（『人間の永遠の探求』）

3月18日　意志の力

強い意志の力をはぐくんで、環境や状況に支配されるのではなく、自分で環境や状況を支配できるようになりなさい。

――パラマハンサ・ヨガナンダ（『Para-gram』）

3月19日　　意志の力

あなたがすべきことは、自分の尊い目標を実現したいという望みを目覚めさせることです。それから意志を奮い立たせ、自分に示された英知の道に従うことができるまで行動しなさい。

——パラマハンサ・ヨガナンダ（SRFレッスンより）

3月20日　意志の力

覚えていてください。あなたの意志の中には神の全能の力があるのです。たとえどんなに多くの困難な問題があなたを苦しめたとしても決してあきらめないとき、あなたの心の「準備」が整ったとき、そのとき神があなたに応えておられることがはっきりと分かるでしょう。

――パラマハンサ・ヨガナンダ（『神と話をする方法』）

3月21日　　習慣

あなたの人生を支配するのは、一時のひらめきとかすばらしいアイデアではなく、むしろ習慣となっている日ごろの考え方です。

――パラマハンサ・ヨガナンダ（『成功の法則』）

3月22日　習慣

あなたを最も助けてくれるのは、良い習慣です。それゆえ正しい行いをし続けて、良い習慣の力を保ちなさい。悪い習慣は最大の敵であり、あなたの意志に反して、あなたがいちばん傷つくようなことをするように促します。悪い習慣は、身体的、社会的、精神的、倫理的、霊的な幸せに有害です。間違った行いを今後一切やめることによって、悪い習慣の息の根を止めなさい。

――パラマハンサ・ヨガナンダ（『科学的な癒しのアファメーション』）

3月23日　　習慣

良い習慣も、悪い習慣も、力を発揮するようになるまでには時間がかかります。強情な悪い習慣は、相対《あいたい》する良い習慣を辛抱強く身につけていけば、取って替えることができます。

——パラマハンサ・ヨガナンダ（『科学的な癒しのアファメーション』）

3月24日　習慣

　悪い習慣は、すぐにでも変えることができます。習慣とは、心を集中してきた結果として生じるものです。あなたは今まで、ある特定の考え方をしてきました。良い習慣を新たに身につけるには、ただ、これまでと反対の方向に心を集中すればよいのです。

――パラマハンサ・ヨガナンダ（『パラマハンサ・ヨガナンダの言葉』）

3月25日　　習慣

　厳しい日常の経験を通して、あなたもいずれ、悪い習慣は際限のない「物質的欲望」という樹を育て、良い習慣は「精神的向上の大志」という樹を育てることが、はっきり分かるようになるでしょう。いつの日か「真の自己の悟り」という熟した果実を収穫するため、「精神的向上の大志」の樹をうまく育てていくように、もっともっと努力を集中すべきです。

——パラマハンサ・ヨガナンダ（『成功の法則』）

3月26日　習慣

自分が意識して何かしようとするときは、その行動がどのようなものかよく注意しなさい。なぜなら、よほど意志が強くない限り、習慣に影響を与える潜在意識の力によって、繰り返し強制的にその行動をとらされるようになるかもしれないからです。

――パラマハンサ・ヨガナンダ（SRFレッスンより）

3月27日　　習慣

習慣的な考え方というのは心の磁石であり、ふさわしい人や物、環境をあなたのもとに引き寄せます。悪い習慣を呼び起こしたり刺激したりするものはすべて避け、悪い習慣をなくしていきましょう。けれども、避けることに夢中になって、かえって悪い習慣に、心を集中してしまわないようにすべきです。そして、何か良い習慣に心を向けるようにして、その習慣が自分の一部となるまで、着実に身につけていきましょう。

——パラマハンサ・ヨガナンダ（『成功の法則』）

3月28日　習慣

　真の自由とは、習慣に強制されるのではなく、正しい判断と自分の意志による選択に従って、すべての活動（食べる、読む、働くなど）を行うことにあります。自分が食べ慣れた食物でなくても、食べるべきものを食べるようにしましょう。悪い習慣に命じられたことではなく、自分がなすべきことをするようにしましょう。

――パラマハンサ・ヨガナンダ（『科学的な癒しのアファメーション』）

3月29日　　習慣

あなたが本当の意味で自由な人間になるのは、悪い習慣を捨てたときだけです。「やりたくなくてもやるべきことはやる」と自分に命じることのできる、自分の真の支配者になるまでは、あなたは自由な魂ではありません。このような、自己を統御する力の中にこそ、永遠の自由を育てる種が潜《ひそ》んでいるのです。

――パラマハンサ・ヨガナンダ（『成功の法則』）

3月30日　　習慣

従来どおりのお決まりの生き方を続けるのはやめましょう。自分の人生を向上させるために何かをしようと決心し、それを実行しなさい。意識を変えなさい。必要なのは、それだけです。

――パラマハンサ・ヨガナンダ（SRFの季刊誌より）

3月31日　　習慣

もしあなたが、自分の悪い習慣からすべて解放されて、しかも善いことをするときに、悪いことをすれば悲しみがもたらされるという理由からではなく、ただ善いことをしたいがために行動できるようになったとき、そのときあなたは本当に神への道を歩んでいるのです。

――パラマハンサ・ヨガナンダ（『成功の法則』）

復活祭の時季によせて

十字架の試練

おお、神のいとし子キリストよ！ あなたの十字架上の試練では、謙虚さが力に、魂が肉体に、不滅の勝利をおさめました。言葉にできないほど神聖な、あなたの手本に励まされ、私たちが自分の小さな十字架を、勇敢に担《にな》うことができますように。

過ちに苦しむ人類を愛される偉大なお方よ！ 無数の人々の心の内に、目には見えない記念碑が打ち立てられ、愛という最高の奇蹟 ――あなたの言葉 ――が刻まれました。「彼らをお許しください。彼らは自分が何をしているのか知らないのです。」

――パラマハンサ・ヨガナンダ（『Whispers from Eternity』）

復 活

天の父よ、私はキリストとともに、肉体という墓の中から、あまねく存在するあなたの内へと復活しました。小さな家族愛から、あらゆる被造物への、大きく崇高な愛の内に復活しました。無知から、あなたの永遠の英知へと復活しました。あらゆる世俗的な欲望から、あなたを求める欲望だけをもつように復活しました。人の愛を熱望することから復活して、神の愛だけを切望します。私はキリストと一つです。私はあなたと一つです。

――パラマハンサ・ヨガナンダ（SRFの季刊誌より）

4月1日　　思いやり

聖なる悟りを得るためには、生きとし生けるものへの思いやり（ダヤー）が必要です。というのは、神ご自身にこの特質が満ちあふれているからです。優しい心を持つ人は、ほかの人の立場に立って、その苦しみを感じ、和らげようと努力します。

——パラマハンサ・ヨガナンダ
（『God Talks With Arjuna: The Bhagavad Gita』）

4月2日　思いやり

　思いやりあふれる主よ、生きとし生けるものへの愛の涙を流すことを教えてください。すべてをわがいとしき者として——私の大いなる自己が様々に表現されたものとして——見ることができますように。

　自分の欠点を大目に見るのはたやすいことです。ですから、他人の欠点もすぐに許せるようにしてください。天の父よ、歓迎されない批判をして仲間を傷つけることのないよう、祝福してください。もし人が自分自身を正そうとして、私の助言を求めるのなら、あなたから受けた霊感によって意見を述べることができますように。

——パラマハンサ・ヨガナンダ（『Whispers from Eternity』）

4月3日　思いやり

肉体的、精神的、あるいは霊的に病んだ人が身近にいれば、自分自身や家族を助けるかのように、毎日、その人が良くなるように助ける努力をしなさい。

そのようにすれば、あなたは人生という舞台でどのような役にあろうと、いつかこう分かるでしょう——自分は、あらゆる運命をつかさどる舞台監督（神）の指示どおりに、正しく役を演じてきたのだと。

——パラマハンサ・ヨガナンダ（SRFレッスンより）

4月4日　　思いやり

きわめて意地悪で、暗い影に沈んだ人の内にさえ、神の光が隠れています。良い仲間や、自分を改善しようとする熱望という適切な条件さえ整えば、神の光は輝き出します。

神に感謝します。どんな罪も許されないことはなく、どんな悪も克服できないことはありません。なぜなら、この二元の世に、絶対のものはないからです。

天の父よ、私をお導きください。道に迷ったあなたの子らに、本来の純粋さ、不滅性、天の子としての意識を気づかせることができるように。

――パラマハンサ・ヨガナンダ（『Whispers from Eternity』）

4月5日　　思いやり

私のことを敵だと考えている人がいたら、私はその人を、実は誤解のヴェールの陰に隠れている、神聖な兄弟として見ます。私は誤解のヴェールを、愛の短剣で切り裂いて、謙虚に、寛大な思いやりを示します。これをみて、その人はもはや私の善意の申し出をはねのけることはありません。

――パラマハンサ・ヨガナンダ（『メタフィジカル瞑想』）

4月6日　　思いやり

人が不親切という醜さをみせたら、私は愛のこもった親切で、自分を美しくしようと駆り立てられますように。

友人からとげとげしい言葉を聞いたら、いつも優しい言葉を使おうと思い出すことができますように。意地悪な心から石が飛んできたら、私は善意のミサイルだけを打ち返すようにします。

ジャスミンの木は、その根に斧を振るう手にも、花を降らせます。そのように、私に敵対的な行動をとるどの人にも、許しという花を降らせることができますように。

――パラマハンサ・ヨガナンダ（『Whispers from Eternity』）

4月7日 思いやり

私の心の狭さや、仕返ししようとする心によって、悪事をはたらく人の無知を強めてしまうことがありませんように。許しと、祈りと、優しい愛の涙によって、彼らを助けられるように、私の心を導いてください。

——パラマハンサ・ヨガナンダ（『Whispers from Eternity』）

4月8日　思いやり

多くの人がしないままにしている、勇気ある高潔な行いをしようと努めなさい。ほかの人からかえりみられないような人々に、愛と平和の贈り物を与えなさい。

――パラマハンサ・ヨガナンダ（SRFレッスンより）

4月9日　　思いやり

生命を維持する太陽の光は、すべてをはぐくみます。このようにあなたも、気の毒で見捨てられた人の心に、希望の光をかざしなさい。落胆した人の心に、勇気の火をつけなさい。失敗したと思っている人の心に、新たな強さという明かりをともしなさい。

―― パラマハンサ・ヨガナンダ（『Para-gram』）

4月10日　　思いやり

神があなたの祈りに応えてくださらないのは、あなたが本気でないからです。見せかけだけの祈りをささげても、天の父の注意を引くことなど期待できません。根気強く、規則正しく、徹底的な真剣さをもって祈らなければ、神に祈りは届かないのです。恐れや心配や怒りといった、否定的なもの一切を心から洗い流し、愛の思い、奉仕、喜びあふれる希望で心を満たしなさい。あなたの心の聖所には、唯一の力、唯一の喜び、唯一の平和——すなわち神が祀《まつ》られていなければなりません。

——パラマハンサ・ヨガナンダ（『Where There Is Light』）

4月11日　　祈り

壊れたマイクでは放送できないように、心のマイクが落ち着かず混乱していたら、祈りを神に伝えられません。深い静寂の内に入ることにより、心のマイクを修理して、直観の受信感度を高めましょう。このようにしてあなたは、効果的に神に祈りを伝えられるようになり、また神の応えを受け取れるようになります。

――パラマハンサ・ヨガナンダ（『成功の法則』）

4月12日　　祈り

神と私たちの関係の中でも、聖母さまという、神の母親としての側面を考えたときに、私たちは最も自然に、当然のこととして神の応えをねだることができます。そのようなお願いの仕方をされたら神は応えずにはいられません。なぜなら、わが子がどんなにひどい罪人であったとしても、愛し許すのが母親の本性だからです。神が私たちに与えた人間愛は、母と子の関係の中に最も美しく表れています。

――パラマハンサ・ヨガナンダ（『神と話をする方法』）

4月13日　　祈り

神はすべての祈りを聞いておられますが、すべてにお応えになるとは限りません。たとえば、子供がお母さんを呼んでいるのに、その母親は子供のところへ行く必要はないと思っているとしましょう。私たちが置かれている状況はこのようなものです。母親はとりあえずおもちゃを与えて子供をおとなしくさせようとします。しかし、何を与えても母親が来るまでおとなしくならない子供のところには、母親がやって来ます。あなたも神に来てもらいたいのなら、お母さんが来るまで泣きやまない、きかん坊のようになる必要があります。

——パラマハンサ・ヨガナンダ（『神と話をする方法』）

4月14日　　祈り

ただ座って成功が転がり込んで来るのを待っているだけでは不十分です。ひとたび進路が決まり意志が固まったら、具体的な努力もしなければなりません。そうすれば、成功に必要なものがあなたの周りに集まりはじめます。そして、すべてのものがあなたを正しい方向に導くようになります。あなたの祈りに対する応えは、こうした“超充電”によって聖化されたあなたの意志の中にあります。このように意志を使うことによって、祈りを叶えてもらう道が開けるのです。

――パラマハンサ・ヨガナンダ（『人間の永遠の探求』）

4月15日　祈り

礼拝堂の中で、私はひざまずいて祈っていました──私はあることを考えていました。それは、自分の人生に訪れようとしていましたが、私は不安でいっぱいでした。それを経験せずに救われることは、神のご意志でないとわかっていました。その瞬間にも、それは私に迫って来ていました。突然、神がご自身に届く祈りを教えてくださいました。私はすぐに言いました。「人生の状況は変えずにいてください。ただ、**私を**変えてください。」

──スリ・ギャナマタ
（『God Alone: The Life and Letters of a Saint』）

4月16日　　祈り

神の応えを強く求めなければいけません。半信半疑の祈りでは不十分です。もしあなたが「神は私と話をしてくださる」と心に決め、たとえ何年ものあいだ、返事をしていただけなくてもこのことを疑わず、神を信じ続けるのなら、いつの日か神は応えてくださいます。

――パラマハンサ・ヨガナンダ（『神と話をする方法』）

一度でも神と「パンを裂き」(食事を共にし)、神の沈黙を破ることができたなら、神は何度でも話しかけてくださいます。しかし、このようになるのは、最初のうちはとても難しいのです。というのも、神と親しくなるのは簡単なことではないからです。なぜなら神は、あなたが神との交流を本当に求めているかどうかを、はっきり確認したいからです。本当に神を求めているのか、それとも何か他のものを求めているのかを確かめようと、神は信者をお試しになります。神以外のものを求める欲望が心の中に隠れていないことを証明しない限り、神はあなたに話しかけてくださいません。あなたが心の中で、神からの贈り物だけを願っていたとしたら、神があなたの前にご自身を現されることがあるでしょうか？

――パラマハンサ・ヨガナンダ(『神と話をする方法』)

4月18日　　祈り

最善の道はこう祈ることです。「主よ、私をあなたに目覚めさせ、それよって幸福にしてください。私を、すべての世俗的欲望から解放してください。そして、地上のどんな喜びや悲しみよりも長続きするあなたの喜びを私にください」と。

――パラマハンサ・ヨガナンダ（『人間の永遠の探求』）

4月19日　　祈り

あなたからのすべての質問に対する答えは一つです。神へと向かい、神の完璧さに気づいて、その気づきで自分の意識を満たしてしまうのです。自分の弱さは、神の力強さをあがめる思いの内に溶かしてしまいましょう。神に説明する必要はありません。神は、あなたが話す前に、あなたに何が必要かを知っておられますし、あなたが求めようとする前に、与える準備をしておられます。瞑想する時は、すべてのことを脇において、何にもまさる神への思いだけに集中してください。このようにすれば、神を受け入れられるようになり、体と心と魂に、癒しが訪れるようになるのです。

――スリ・ギャナマタ
（『God Alone: The Life and Letters of a Saint』）

4月20日　祈り

超意識における成功の法則は、祈りを通して、また主なる神の全能の力を理解することによって働き出します。意識的な努力は続けなければいけませんが、自分の才能だけに頼りきるのも間違いです。何をするにも、神の恩寵《おんちょう》を求めるようにしましょう。

――パラマハンサ・ヨガナンダ（『科学的な癒しのアファメーション』）

4月21日　幸福

不幸に見舞われたとき、私はあなたの声を聞きました。声は言いました。「わが庇護の太陽は、汝の最良のときも最悪のときも、等しく輝いている。信仰を持ち、ほほ笑みなさい！ 悲しみは、神《スピリット》の至福に満ちた性質に反している。人生を変えるわたしの光が、澄みわたるほほ笑みを通して現れ出るようにしなさい。幸せでいるならば、わが子よ、汝はわたしを喜ばせることになる。」

——パラマハンサ・ヨガナンダ（『Whispers from Eternity』）

4月22日　　幸福

　覚えていてください。あなたが不幸なのは、たいていの場合、自分の人生で必ず成し遂げたいと思う大望を、十分に力強く視覚化していないからです。あるいは、自分の意志の力と、創造力と、忍耐力を、夢が実現するまで十分に粘り強く用いていないからです。

――パラマハンサ・ヨガナンダ（SRFレッスンより）

4月23日　　幸福

　幸福か否かは、ある程度は周囲の状況によりますが、最も重要なのは心の姿勢です。幸福であるためには、健康、健全な心、豊かな生活、自分に合った仕事、感謝の心をもつべきですが、何よりも大切なのは、英知すなわち神についての知識です。

――パラマハンサ・ヨガナンダ（『成功の法則』）

4月24日　　幸福

無限の神の笑い声が、あなたのほほ笑みを通して響き渡るようにしなさい。あなたのほほ笑みを、神の愛のそよ風にはこばせて、人々の心に広がるようにしましょう。ほほ笑みの火は、人から人へと伝わる性質があるのです。

――パラマハンサ・ヨガナンダ（SRFレッスンより）

4月25日　幸福

あなたには、自分を害することも、益することもできる力があります。…… 幸せになろうとあなたが決めなければ、だれもあなたを幸せにできません。神のせいにしてはいけません！ 幸せになろうとあなたが決めたら、だれもあなたを不幸にはできません。…… 自分の人生を形づくっているのは、自分自身なのです。

——パラマハンサ・ヨガナンダ（SRFレッスンより）

4月26日　　幸福

「幸せになる！」という強い決意を抱くことも、幸福を手に入れるのに役立ちます。自分の不幸を周囲の環境のせいにして、環境が変わるのを待っていてはいけません。また、不幸でいるのを長年の習慣にしてしまい、自分や仲間の人たちまで苦しめてはいけません。あなたが幸福なら、あなただけでなく他の人も幸せです。幸福を自分のものとしたとき、すべてのものを手に入れたことになります――幸福であるということは、神と調和していることだからです。そのような幸福になる力は、瞑想によって得られます。

――パラマハンサ・ヨガナンダ（『成功の法則』）

4月27日　　幸福

いつも自分の幸せばかり得ようとするのではなく、むしろ他の人を幸せにするよう努めなさい。霊的に、精神的に、物質的に、人々への奉仕をするうちに、あなたは自分の必要が満たされていることに気づくでしょう。人々への奉仕に我を忘れたとき、あなたは、求めずとも、自分自身の幸せが満たされていることに気づくでしょう。

——パラマハンサ・ヨガナンダ（SRFレッスンより）

4月28日 幸福

静寂の中で得られる小さな喜びで十分だとは思わないでください。神の喜びはそれ以上のものです。例えば、とにかく休むことが必要なときに、罰として眠ることを許されなかったとします。すると突然、だれかが言います。「よし、もう寝てもいいぞ。」眠りに落ちる直前の喜びを考えてみてください。それを百万倍にしてごらんなさい！ それでもまだ、神との霊交で感じられる喜びを表現することはできないでしょう。

——パラマハンサ・ヨガナンダ（SRFレッスンより）

4月29日　　幸福

真の幸せがやって来るのは、魂の判断に従って自分の意志を働かせ、ただ善そのものを心から望むという理由で、いつどこであろうと、悪ではなく善を選ぶようになったときです。そのときこそ、あなたは本当に自由になります。

——パラマハンサ・ヨガナンダ（SRFレッスンより）

4月30日　　幸福

私は毎日、もっともっと自分の心の中に幸せを求めるようにして、物質的な喜びを通して幸せを求めることを、もっともっと少なくしていきます。

――パラマハンサ・ヨガナンダ（『科学的な癒しのアファメーション』）

5月によせて

母の日

多くのインド人は、神を聖母様（天の母、宇宙の母）と呼んで慕います。それは、ほんとうの母親らしい母親は父親よりも優しく寛大だからです。母親は、神の“無条件の愛”の現れです。神は、その子供たちである人間に対する無条件の愛をわれわれに示すために、母親をつくられたのです。私にとっては、女性はみな宇宙の母の化身です。私は、すべての女性の中に宇宙の母を見ます。私が女性の中に見る最も賞賛すべき特徴は、母性愛です。

——パラマハンサ・ヨガナンダ（『人間の永遠の探求』）

5月1日　　忠誠心

神に対する完全な忠誠心を持つことが、救いを得るための唯一の方法です。この夢の人生は、いつかあなたから奪い去られてしまいます。神の愛だけが真実です。ほかに何もありません。すべては偽りの夢です。夢から抜け出しなさい。それがどんなに必要なことか、この一瞬一瞬に、私にはわかります。神は私をＳＲＦの仕事に結びつけられました。ですから私は神に言います。「私はあなたのためだけに働きます。」すると私は、心の内に神の至高の喜びを感じます。

――パラマハンサ・ヨガナンダ（『The Divine Romance』）

5月2日　　忠誠心

　まず、神を喜ばせるための努力をしなさい。すべての人を喜ばせることは不可能です。私は、だれにも不愉快な思いを与えないように心がけ、そのためにできるだけの努力はしていますが、それが私にできる限界です。私の第一の目的は神を喜ばせることです。私の手は神をたたえて祈るために使い、私の足は至る所で神を探すために使い、私の心は、いつもいっしょにいてくださる神を思うために使います。何を考えるときも、まず神を迎え入れなさい。平安なる神を、愛なる神を、思いやりなる神を、理解なる神を、憐れみなる神を、英知なる神を、あなたの心の王座に迎えなさい。私が来た目的は、ほかならぬこのことをあなたがたに言うためです。それ以外に目的はありません。

――パラマハンサ・ヨガナンダ（『人間の永遠の探求』）

5月3日　　忠誠心

神聖なものを受け入れる準備のできた弟子の心が、グルの無条件の愛のオーラの中に浸ると、グルへの忠誠心が自然に湧いてきます。真の友であり、助言者であり、導き手であるお方をついに見つけたのだと、魂には分かります。それゆえ弟子は、グルの無条件の愛に報いようと努めます。特に試練にあったときはそうです。例えば、イエスの弟子たちは、しばしば心ない仕打ちを受けて、イエスへの信仰と忠誠を試されました。祝祭や説教では多くの者がイエスとともにいましたが、十字架のもとにいたのは何とわずかだったことでしょう！

――パラマハンサ・ヨガナンダ（『The Second Coming of Christ: The Resurrection of the Christ Within You』）

5月4日　　忠誠心

私は神聖な誓いを立てよう。太陽を見つめる私の愛のまなざしを、あなたへの思いという地平線より下に沈めることは、決してしない。上方に向けた私の視線を下げて、あなた以外の何かに目を移すことは、決してしない。あなたを忘れてしまうようなことは、決してしない。

——パラマハンサ・ヨガナンダ（『Whispers from Eternity』）

5月5日　忠誠心

ラジャシ・ジャナカナンダ生誕記念日

ラジャシから会員への言葉
（1953年SRFコンボケーションにて）

「私が皆さんに差し上げなければならないのは、神と大師《マスター》の精神だけです。この偉大な活動について大師が抱いておられた願いを実行に移すこと以外、私には言うべきことも、なすべきこともありません。近ごろ皆さんのために大師がなさっておられることは、私がしているのではありません。私自身は、大師が言っておられたように、大師の“小さきもの”に過ぎません。そして私は、小さきもの以上になることは決してありません。なぜなら、いつでも大師、パラマハンサジがおられるからです。大師こそが私の命であり、私から皆さんへの祝福なのです。」

――ラジャシ・ジャナカナンダ
（『Rajarsi Janakananda：A Great Western Yogi』）

5月6日　　忠誠心

　顔を見れば、その人が神を愛する人かどうか容易に見分けることができます。真の信仰者の神に対する忠誠は、ほかの人から見ると、あるいは狂信者のように見えるかもしれません。しかし、昼も夜もたえず神のことを思いつづける神への忠誠心は、唯一の正しい“狂信”です。この忠誠心なくして神を見つけることは不可能です。クリヤを怠らず、長時間の瞑想と熱烈な祈りを実行する信仰者は、いつか待望の宝を手に入れるでしょう。

――パラマハンサ・ヨガナンダ（『人間の永遠の探求』）

5月7日　　忠誠心

これ以上ためらってはいけません……。神がＳＲＦを通じて送られた真理に従いなさい。そうすれば、あなたがたは永遠に祝福されるでしょう。私の心が奏《かな》でる笛の音《ね》を通して、神はあなたがたをいつも呼んでおられます。皆さんに強くお勧めします ── 神を忘れないでください！ われわれの体は朽ち果てるかもしれません。しかし魂は、神の心の中にある不滅の星のように、永遠に輝かせましょう。

──パラマハンサ・ヨガナンダ（『The Divine Romance』）

5月8日　　忠誠心

あなたが神への忠誠を怠ると、すべてのものがあなたに背くようになります。ですから、毎日瞑想し、日常の仕事を遂行しているときも、心の聖所で神にささげる灯火の油をこぼさないように気をつけなさい。

――パラマハンサ・ヨガナンダ（『人間の永遠の探求』）

5月9日　　忠誠心

神はすべての人の内に等しく存在します。けれども神は、霊的な考え方をする人、つまり神のことだけを考える忠実な人の心の内に、最も明確に表れ出ます。神に忠実でありつづけると、あなたは神と一つになることができます。忠誠心は、神の注意を引きつけます。こうしてあなたは、人生の嵐が押し寄せて、試練の波にもてあそばれたときも、神が遍在であると気づくことで、自分の人生の舟を神の岸辺へと安全に導いていけるのです。

――パラマハンサ・ヨガナンダ（『Para-gram』）

5月10日　忠誠心

スワミ・スリ・ユクテスワ生誕記念日

‘たえず聖師《グル》とともに居る’ということは、単に物理的にグルのそばに居るという意味ではなく――これはむしろ不可能であろう――心で常にグルを思い、グルに心の波長を合わせて、グルと思想的に一体になることをいうのである。

――スワミ・スリ・ユクテスワ（『聖なる科学』）

5月11日　　識別力

神を見いだすということは、すべての悲しみを葬り去ることだ。

——スワミ・スリ・ユクテスワ（『あるヨギの自叙伝』）

5月12日　識別力

聖者になることはおしになることではない。また、神を知ることは現実生活に対して無能力になることでもない。自分のもっている徳を積極的に発揮してこそ、その知性はますます磨かれるのだ。

――スワミ・スリ・ユクテスワ（『あるヨギの自叙伝』）

5月13日　　識別力

愛着は盲目的なものだ。愛着を持つと、人は自分の想像によってその物に魅力の後光を与え、自らそれに眩惑されるようになる。

——スワミ・スリ・ユクテスワ（『あるヨギの自叙伝』）

5月14日　　識別力

このように、ひたすらわたしに心を寄せる者、愛をもってわたしをあがめる者に、わたしは識別知（ブッディ・ヨガ）を授ける。これにより、彼らはわたしに完全に到達する。

——バガヴァン・クリシュナ（『バガヴァッド・ギーター』）

5月15日　識別力

あなたが身につけた良い習慣は、通常の場合や慣れていることについては助けとなりますが、新しい問題に直面したときには、あなたをうまく導いてくれないかもしれません。そのようなときには、識別力が必要となります。

人は、機械仕掛けの人形ではありません。それゆえに、決められた規則や厳しい道徳的戒律を守るだけでは、常に賢明に生きてゆくことはできないのです。日々の問題や出来事は多種多様であり、良い判断力を身につけておくことも必要なのです。

—パラマハンサ・ヨガナンダ（『パラマハンサ・ヨガナンダの言葉』）

5月16日　識別力

正直であろうと望むあまり、自分のすべての秘密を吹聴するようなことはしてはなりません。良心的でない人たちにあなたの弱みを伝えると、将来何かの機会にその人たちがあなたを傷つけようと思ったとき、あなたを笑い者にして大喜びするでしょう。なぜわざわざ「武器」を敵に渡す必要があるのでしょうか？ 自分にも他人にも、永続する幸せがもたらされるような話や行動をすべきです。

――パラマハンサ・ヨガナンダ（SRFレッスンより）

5月17日　　識別力

誠実さも信念もなく、宗教的な慣習にただ忠実であるなら、それは偽善です。たとえ型どおりでなくとも、宗教的な慣習のもつ精神に忠実であるなら、それは賢明なことです。けれども、宗教的な慣習にも、原則にも、師にも忠実でないのなら、それは霊的な退歩です。神と神のしもべのおそばにいなさい。そうすれば、すべてのものごとを通して神のみ手が働いているのが分かるでしょう。

――パラマハンサ・ヨガナンダ（SRFの季刊誌より）

5月18日　　識別力

どんな問題も、心の中であれこれ考えてばかりいてはいけません。ときには、問題はそのままにして休ませてみましょう。そうすれば、ひとりでに解決することもあります。けれども、問題への判断力が失われてしまうほど長く休まないように注意すべきです。むしろ、この休息の時間を用いて、あなたの内にある「真の自己」という静寂の領域に深く入っていくようにすべきです。

——パラマハンサ・ヨガナンダ（『成功の法則』）

5月19日　識別力

常に識別力を働かせていなさい。自分のためにならないことは避けなさい。怠けて時間を無駄にするようなことはしてはなりません。

——パラマハンサ・ヨガナンダ（講話より）

5月20日　　識別力

人が少し目覚めかけてくると、ふだん経験している現実(物質世界)の事柄と、睡眠中に経験する夢の中の事柄とを比較してみて、夢の中の事柄が単なる自分の観念にすぎないことを理解すると、この物質世界の事柄についてもまた、ほかにその‘実体’が存在するのではないか、という疑問をいだくようになる。そこで彼の心は、この宇宙の本質を知りたいと発心し、この疑問を解決しようと苦闘する。そして、‘真実なるもの’(実体)の確証を探し求める。

この状態にある人は、クシャトリヤ(苦闘する者)と呼ばれる階級に属し、前述のような苦闘を重ねるように、自然の進化のおきてによって定められている。このような努力の結果、可視的現象世界の背後に隠れた実相を洞察する力が養われ、その理解が深められる。

——スワミ・スリ・ユクテスワ(『聖なる科学』)

5月21日　　英知

最も賢い人とは、神を求める人である。

最も成功した人とは、神を見いだした人である。

——パラマハンサ・ヨガナンダ（『成功の法則』）

5月22日　英知

英知は、外側から詰め込むことによって得られるのではありません。真の知識をどれほど多く、どれほど速やかに得られるかは、自分の内側の受け入れ能力や、受け入れ限度によって決まるのです。

――パラマハンサ・ヨガナンダ（『Para-gram』）

5月23日　　英知

神の完全な英知を達成するのに、あらゆる人生を自分で経験する必要はありません。他人の人生からいくらでも学び取ることができるはずです。果てしなく続く人生経験をいくら重ねても、結局得るものは、“この世のもので真の幸福を与えてくれるものは何もない”という発見だけです。

——パラマハンサ・ヨガナンダ（『人間の永遠の探求』）

5月24日　英知

この世は、神がお書きになった傑作小説だ。人間が理性だけでこの世を理解しようとしたら、頭が混乱してしまうだろう。だから、わたしはもっと瞑想しなさいと言っているのだ。直覚という魔法の聖杯《カップ》を大きくしなさい。そうすれば、あなた方は無限の英知という海の水を入れられるようになるだろう。

——パラマハンサ・ヨガナンダ（『パラマハンサ・ヨガナンダの言葉』）

5月25日　英知

英知を開発するために、あなたにできる最も重要で効果的なことは、この世界を夢として観る意識を養うことです。何かに失敗しても、「これはただの夢だ」と思って、心の中から失敗の観念を追い出しなさい。悲観的な状態にあるときは、極力その反対の、積極的、建設的考え方や行動をするよう心がけなさい。

——パラマハンサ・ヨガナンダ（『人間の永遠の探求』）

5月26日　　英知

神の創造物はとてもしっかりしていて本物のように見えますが、創造物を眺めるときは、神の心の中の観念が物質の形に凝縮されたものだと見ることを、常に忘れないようにしなさい。

——パラマハンサ・ヨガナンダ（SRFレッスンより）

5月27日　　英知

あなたは、自分がこの肉体ではなく、その内部を流れている聖なる不滅の生命力と意識であることを、魂の直覚によって実感することができるようにならなければなりません。あなたの真の個性は、そのとき輝きを現しはじめます。

――パラマハンサ・ヨガナンダ（『人間の永遠の探求』）

5月28日　　英知

いにしえの聖賢たちは、一つの文章の中に、後世の学者たちが何代かかっても注釈しきれないほどの深遠な意味を含ませた。表面的な言葉だけを取り上げて、切りのない議論を続けることは鈍物のすることで、このような方法から得られる進歩は遅々たるものだ。それよりも、“神が存在する”という確信、また、さらに単純な、「神よ」とたえず語りかける気持こそ、よりすみやかに解脱をもたらすものだ。

——スワミ・スリ・ユクテスワ（『あるヨギの自叙伝』）

5月29日　英知

そこで、わたしのこれらの言葉を聞いて行うものは皆、岩の上に自分の家を建てた賢い人に例えることができる。雨が降り、洪水が押し寄せ、風が吹いてその家に打ちつけても、倒れることはなかった。岩を土台としていたからである。

――イエス・キリスト（『新約聖書』）

（メモリアルデー*）

毎日、静かに座って、確信をもってこう断言しなさい。「わたしには、生死もなければ身分もない。父もなければ母もない。わたしは聖なる霊、永遠の至福である！」と。あなたが毎日、昼も夜もくり返しこう念じれば、やがて、不滅の魂としての自分の実体を悟るでしょう。

——パラマハンサ・ヨガナンダ（『人間の永遠の探求』）

* 米国・戦没者追悼記念日（訳注）

5月31日　　英知

悲しみや、病気や、失敗は、神の法則に反した結果、自然に起こるものです。英知とは、真の自己に従って考えたり行動したりすることによって、そのような法則違反を犯さないようにし、自分の内側に平和と幸福を見つけることにあります。人生の積極的な側面をいつも考えるようにして、自分の心を賢く統御しなさい。

限りあるこの世から得られた英知のしずくで満足すべきではありません。むしろ、すべてを所有し、何でも惜しみなく与えてくださる神のみ手から、限りない英知を求めなさい。

——パラマハンサ・ヨガナンダ（『Para-gram』）

6月によせて

父の日

神はこの宇宙を創造するにあたって、二つの相を現されました。すなわち、男性的、父性的な相と、女性的、母性的な相です。あなたは目を閉じて広大な無限の空間を一心に思い浮かべていると、それに圧倒され、魅了されるようになります。そしてそこに、純粋な知性だけを感じます。その、星々も星座も何もない隠れた無限の領域、純粋な知性だけの領域が父です。

――パラマハンサ・ヨガナンダ（『人間の永遠の探求』）

6月1日　平和

（瞑想のときのように）あなたの心を、眉間の内側にある、果てしない平安の湖に集中しましょう。あなたの周りに、平安のさざ波が、環となって永遠に広がるのを見てください。あなたが熱心に見れば見るほど、眉間のあたりから額に、額から胸に、そして体のすべての細胞にまで、平安の波が広がっていくのが感じられるでしょう。いま、平安の湖は、あなたの体の堤防を越えてあふれ出し、広大な心の領域を満たしていきます。平安の洪水は、あなたの心の境界を越え、あらゆる方角に無限に広がって進んでいきます。

――パラマハンサ・ヨガナンダ（『メタフィジカル瞑想』）

6月2日　　平和

平和は、神を愛して善に身をささげていると見つかります。愛に満ちた人、静寂を保つ人、瞑想や善行に喜びを見いだす人は、本当に平和な人です。平和とは、神を祀《まつ》る祭壇であり、その内に幸せがある状態です。

――パラマハンサ・ヨガナンダ（SRFレッスンより）

6月3日　平和

今この瞬間を、精一杯生きましょう。未来のことは未来に任せましょう。一瞬一瞬の美しさや驚きを、存分に楽しみなさい。平和の存在を感じる訓練をしましょう。そうすればするほど、人生の中で、平和の力が存在することに気づくでしょう。

——パラマハンサ・ヨガナンダ（SRFレッスンより）

6月4日　　平和

平和に満ちた人は静寂の状態を保っていますが、活動しようと思ったら、即座に活動を始めます。そして活動を終えると、すぐに静寂の中心に戻ります。あなたも、静止している振り子のように、常に静寂を保つべきですが、必要な時はすぐに活動できるようにしていなければなりません。

——パラマハンサ・ヨガナンダ（SRFレッスンより）

6月5日　　平和

もしあなたが、平和と調和の内に生きたければ、神の静寂と神の平和を自分に言い聞かせ、愛と善意の思いだけを外に送り出すようにしましょう。あなた自身が神聖な人生を生きなさい。そうすれば、あなたに接した人は皆、ただあなたと一緒にいるだけで助けられることでしょう。

——パラマハンサ・ヨガナンダ（SRFレッスンより）

6月6日　　　　　　　　　　　　　　　平和

気分に支配されるということは、物質世界にとらわれていることを意味します。心の平和を失わないと決心し、その決心を忘れないとき、あなたは神聖な人になることができます。あなたの内に、静寂という秘密の部屋を持ちなさい。そこには気分的なものや、試練や戦いや不調和などを決して入れないようにしなさい。あらゆる憎しみ、復讐、欲望を立ち入り禁止にしなさい。そのような平和な部屋には、神が訪れます。

——パラマハンサ・ヨガナンダ（SRFレッスンより）

6月7日　　平和

体を動かしているどんな瞬間にも心の平安を保ち、考えたり意志を働かせたりするときも、愛するときにも平安があり、そして何かを求めるときに神と平安を忘れないのなら、そうです、あなたは人生を神に結びつけたのです。

——パラマハンサ・ヨガナンダ（SRFレッスンより）

6月8日　　平和

自分自身に正直でありなさい。世間の人々はあなたに正直ではありません。世間の人々は偽善を愛します。あなたが自分に正直であるならば、内なる平和への道が見つかります。

——パラマハンサ・ヨガナンダ（講話より）

6月9日　　平和

神の平和を与えることで他の人を幸せにするという喜び、その喜びで自分が満たされたときにこそ、神が私たちを通してご自身を表現しておられるのだと分かります。

——パラマハンサ・ヨガナンダ（『Para-gram』）

6月10日　　平和

心配が大挙して心に押し寄せるたびごとに、影響されないようはねつけなさい。解決策を求めながら、心静かに待ちましょう。平安という強力な化学薬品を、心配の上に吹きかけなさい。

――パラマハンサ・ヨガナンダ（『Para-gram』）

6月11日　意識の拡大

一瞬一瞬は永遠です。なぜなら、この一瞬のうちに、永遠を経験できるからです。毎日、そして毎分毎時間は、永遠をかいま見ることのできる“窓”です。人生は短いものです。それでも終わりがありません。魂は永遠不滅ですが、あなたは今生という短い季節のあいだに、不滅の性質を可能なかぎり刈り入れなければなりません。

――パラマハンサ・ヨガナンダ（SRFレッスンより）

6月12日　意識の拡大

すべては神です。この部屋も宇宙も、映画のように、私の意識というスクリーンの上を揺れ動いています。……この部屋を見渡すと、見えるのはただ、純粋な霊《スピリット》、純粋な光、純粋な喜びだけです。…… 私の体や、あなたがたの体や、この世のすべてのものという映像は、一つの聖なる光から流れ出る光線にすぎません。その光を見ているとき、純粋な霊《スピリット》以外のものは、どこにも何も見えません。

――パラマハンサ・ヨガナンダ
(エンシニタスのSRF僧院にて弟子に向けて語られた話)

6月13日　　意識の拡大

永遠が、私の方を向いて口を大きく開けています。 私の下から上から、左から右から、前から後ろから、内から外から。

目を開けて、私は自分を小さな身体としてながめます。目を閉じて、自分を宇宙の中心として考えます。すると自分の周りを、永遠の天空、至福の天空、全知の生ける空間が回転していることに気づきます。

——パラマハンサ・ヨガナンダ（『メタフィジカル瞑想』）

6月14日　意識の拡大

肉体意識で無我夢中になっている限り、われわれは、外国にいるよそ者のようなものです。われわれの生まれ故郷は、遍在なる神なのです。

――パラマハンサ・ヨガナンダ（『パラマハンサ・ヨガナンダの言葉』）

6月15日　意識の拡大

私の心に、神が浸透していくのを感じます。同様に、すべての人の心に、地上の細孔に、空に、すべての創造物に浸透していくのを感じます。神は、永遠に動き続ける喜びです。神は、すべての創造物を反射する、静寂の鏡です。

——パラマハンサ・ヨガナンダ（『メタフィジカル瞑想』）

6月16日　　意識の拡大

人種や宗教の違いを超えて、すべての人の内に神を見るように学びましょう。あなたが神の愛を本当に知るのは、自分とすべての人との一体感を感じ始めたときであり、それ以前には不可能です。

——パラマハンサ・ヨガナンダ（『成功の法則』）

6月17日　　意識の拡大

神《スピリット》の海が、小さな泡である私の魂になりました。誕生のうちに漂《ただよ》おうと、死のうちに消えようと、宇宙意識の海の中で、私の生命《いのち》の泡は決して滅びません。私は滅びることのない意識であり、神の永遠の生命の中で守られているのです。

——パラマハンサ・ヨガナンダ（『メタフィジカル瞑想』）

　私はある日、大きな砂山を登る一匹の小さなアリを見て言いました。「このアリは、自分がヒマラヤ山脈を登っていると思っているに違いない！」砂山は、アリにとっては巨大に見えたかもしれませんが、私にとっては大きな山ではありませんでした。これと同じで、われわれの太陽暦の百万年は、神の意識の中では、一分にも満たないかもしれません。

――パラマハンサ・ヨガナンダ（『パラマハンサ・ヨガナンダの言葉』）

6月19日　　意識の拡大

われわれは、“永遠の神”や“無限の神”といった壮大な観点から物事を考えるように、自分を訓練していかなければなりません。

――パラマハンサ・ヨガナンダ（『パラマハンサ・ヨガナンダの言葉』）

6月20日　意識の拡大

私は意識という飛行機で、上に下に、左に右に、内に外に、どこにでも飛び回って、宇宙の家のあらゆる場所で、聖なる父といつも一緒だったことに気づきます。

——パラマハンサ・ヨガナンダ（『メタフィジカル瞑想』）

6月21日　意識の拡大

深い信仰を得るためには瞑想しなければなりません。神との最初の霊交に恵まれたら、もっともっと大きな意識の中に入れるように努めなければなりません。これこそが、イエスが皆に求めたことでした。イエスは、あまねく存在するご自身の意識を経験して欲しかったのです。そしてこれは、パラマハンサジが教えたことでした。パラマハンサジは、私たちのもとに神を連れてきて、私たちに、ただ受け入れるように求めただけなのです。

――ラジャシ・ジャナカナンダ
（『Rajarsi Janakananda: A Great Western Yogi』）

6月22日　　癒し

神よ、あなたの宇宙エネルギーに満たされて、体を癒すことを教えてください。集中力と快活さで、心を癒すことを教えてください。あなたへの瞑想という聖なる薬で、魂の無知という病を癒すことを教えてください。

——パラマハンサ・ヨガナンダ（『Whispers from Eternity』）

6月23日　　癒し

　神への無条件で絶対的な信仰は、即座に癒しをもたらす最高の方法です。そのような信仰を目覚めさせるために絶え間なく努力することは、人間にとって最も崇高な最も価値ある務めです。

――パラマハンサ・ヨガナンダ（『科学的な癒しのアファメーション』）

6月24日　癒し

無限の源である神は、強さ・幸福・力を魂に注ぎ続ける無限の原動力です。ですから、無限の源である神にできるかぎり頼ることがとても重要なのです。

——パラマハンサ・ヨガナンダ（SRFレッスンより）

6月25日　　癒し

　肉体を支配する第一の要因は、心です。心には、病いや老いや死といった、人間の限界を思わせるようなことを決して浮かべないようにすべきです。むしろ心には、絶えずこのような真実を告げ続けるべきです。「私は無限者（神）であり、無限者がこの肉体の姿をとった。この肉体は、神《スピリット》の現れであり、とこしえに若々しい神《スピリット》なのだ。」

——パラマハンサ・ヨガナンダ（SRFレッスンより）

6月26日　　癒し

神が定めた衛生に関する法則に従いなさい。心を純粋に保つことの方が、肉体の衛生よりも重要ですが、肉体の衛生も重要であることにはかわりないので、無視してはいけません。しかし、生活上のルールをあまりにも厳格にしてしまい、いつもの習慣からちょっと逸脱しただけで体調を崩すようなことにならないよう、気をつけなければなりません。

――パラマハンサ・ヨガナンダ（『科学的な癒しのアファメーション』）

6月27日　　癒し

肉体は、あまり信頼の置けない友達のようなものだ。だからほどほどの扱いをすべきで、それ以上にもてなす必要はない。苦楽はすべて一時的なものだ。 心を落ち着けて、二元性が引き起こすそれらの現象的変化を冷静に見守り、自分自身をそれらの力から超越させるよう努めなさい。病気も癒しも、ともに想像という門を通って自分の中にはいって来る。だから、たとえ病気になっても、自分が病気だという観念を心から追放しなさい。訪問者は、主人に認められなければ出て行くよりしかたがないのだ。

――スワミ・スリ・ユクテスワ（『あるヨギの自叙伝』）

6月28日　　癒し

なかなか治らない病気は、精神的なものであれ肉体的なものであれ、必ず潜在意識に深い根を持っています。その隠れた根を引き抜きさえすれば、病気が治る場合もあります。ですから、すべてのアファメーションは、充分強く心に刻みつけるよう意識しながら唱え、潜在意識に浸透させなければなりません。するとアファメーションの影響を受け取った潜在意識は、今度は自動的に意識（顕在意識）に影響を及ぼすようになります。強く意識して唱えられたアファメーションは、このように潜在意識を媒介として、心と体に作用するのです。さらに強力なアファメーションになると、潜在意識だけでなく超意識――奇跡を起こす力がつまっている魔法の貯蔵庫――にまで届きます。

――パラマハンサ・ヨガナンダ（『科学的な癒しのアファメーション』）

6月29日　癒し

「医者は、物質的法則を適用した治療法をもってその勤めを果たすべきだ」とスリ・ユクテスワは言われた。しかしまた、精神療法の優越性を賞賛してこうも言われた。「英知は最も すぐれた解毒剤である。」

――パラマハンサ・ヨガナンダ（『あるヨギの自叙伝』）

6月30日　癒し

私の病気はすべて、健康の法則に反していた結果だと認めます。食事を正し、もっと少量にし、断食して、もっと運動し、正しく考えることによって、悪いところを直す努力をします。

――パラマハンサ・ヨガナンダ（『メタフィジカル瞑想』）

7月1日　自由

自由とは、魂の導きによって行動できる能力を意味するのであって、欲望や習慣に突き動かされて行動するのが自由なのではありません。エゴに従うと、とらわれて束縛されていきます。魂に従うと、解放されて自由になっていくのです。

——パラマハンサ・ヨガナンダ（『パラマハンサ・ヨガナンダの言葉』）

7月2日　　自由

行動する前には自由がありますが、行動した後には、望もうと望むまいと、その行動の影響がついてきます。これがカルマの法則です。あなたは自由に行動できる存在ですが、何らかの行動を起こしたときは、その結果を刈り取ることになります。

——パラマハンサ・ヨガナンダ（SRFレッスンより）

7月3日　自由

人間の究極の自由すなわち解脱は、すでに確定的なものであり、もし真に望むならばすぐにでも与えられる。そしてそれは、本人が、外的ではなく内的な障害に打ち勝てるか否かに掛かっているのである。

――パラマハンサ・ヨガナンダ（『あるヨギの自叙伝』）

スリ・ギャナマタ生誕記念日

自由への道は、人々への奉仕によって得られます。幸せへの道は、瞑想と、神との同調によって得られます。……エゴの壁を突き破りなさい。利己主義を捨てなさい。肉体意識から自由になりなさい。小さな自分を忘れなさい。輪廻の牢獄を打ち壊してしまいなさい。心を万物の内に溶かし、すべてと一つになりなさい。

——パラマハンサ・ヨガナンダ（SRFレッスンより）

7月5日　　自由

あなたがたは、人間として生まれてきたことがどんなに幸せなことかもっと自覚すべきです。人間は、他のどんな生き物よりも大きな恵みを神から受けています。動物には、瞑想して神と交わる能力は与えられていません。しかし、あなたがたは、神を求める能力が与えられているのにそれを使っていません。

——パラマハンサ・ヨガナンダ（『人間の永遠の探求』）

7月6日　　自由

魂は、欲望や、誘惑や、心配事などの鎖によって肉体に繋がれており、そこから逃れたいと望んでいます。自分を有限の意識に縛りつけているその鎖を断ち切るためにたゆまず引っ張りつづければ、いつか見えざる神のみ手が加勢してその鎖を断ち切り、あなたを自由にしてくれるでしょう。

——パラマハンサ・ヨガナンダ（『人間の永遠の探求』）

7月7日　　自由

好きなことなら何でもできるというのは、本当の意味での行動の自由ではありません。自分がどのくらい自由であるのかを理解し、また、どのくらい悪い習慣に影響されているのかを理解する必要があります。“善良である”のが、ただ習慣となっているから“善良である”というのも自由ではありません。誘惑されること自体は罪ではありませんが、重要なのは、誘惑に抵抗し打ち勝つことができる、ということです。これこそが自由です。なぜなら、あなたは自由意志と自由な選択によってのみ行動しているからです。

——パラマハンサ・ヨガナンダ（SRFレッスンより）

7月8日　　　　　　　　　　　　　　自由

人が識別力と正しい行いによって、心に蓄積されている悪い傾向という種をすべて焼いてしまったとき、ごく微細な脳細胞の一つひとつが玉座となって、英知・霊感・健康という王を迎え入れます。この偉大な王は、神の栄光を、知性ある体の細胞たちに向かって歌い、説き聞かせます。この状態に達した人は、真に自由です。このような自由を得た人は、未来に転生してもカルマの影響を受けず、カルマに束縛された人々の涙を拭い去るためだけに、肉体を身にまとって降臨します。このような自由を得た大師たちは、目には見えない癒しの光に包まれています。大師たちはどこに行っても、繁栄と健康の光で周囲を照らすのです。

――パラマハンサ・ヨガナンダ（SRFレッスンより）

7月9日　　自由

スワミ・スリ・ユクテスワから
パラマハンサ・ヨガナンダへの言葉

「意志の自由は、生まれる前や生まれた後に身につけた習慣や、気まぐれな心が命ずるままに行動することにあるのではない。英知の導きと自由な選択によって行動することにあるのだ。おまえの意志をわたしの意志（英知に導かれたグルの意志）に同調させるなら、おまえは自由を得るだろう。」

――スワミ・スリ・ユクテスワ（SRFレッスンより）

7月10日　　自由

このように決心しなさい。もういざこざの影響は受けない。ひどく気にするようなことはやめる。習慣や気分の犠牲にはならない。ヒバリのように自由になると。

——パラマハンサ・ヨガナンダ（SRFの季刊誌より）

7月11日　自由

過去の行いによって生まれた種を、英知と瞑想の火で燃やしてしまわない限り、あなたは自由にはなれません。

——パラマハンサ・ヨガナンダ（SRFの季刊誌より）

7月12日　　正しい態度

あなたの前途に輝きつづけるゴール以外、何ものも見ないこと、注意を払わないこと。

何が起こるかではなく、それによって私たちがどう変わるかが大事。

日々、すべては神から送られてくるものとして、受け入れなさい。

夜は、すべてを神のみ手にお返ししなさい。

——スリ・ギャナマタ
(『God Alone: The Life and Letters of a Saint』)

7月13日　正しい態度

　人生に対して、否定的な態度をとってはならない。われわれの周りには、至る所に美しさがあるというのに、なぜわざわざ下水溝をのぞき込もうとするのだろうか？　人は、芸術や音楽や文学の最高傑作の中にさえ、何らかの欠点を見つけられるかもしれない。しかし、そんなことをするよりも、傑作の魅力やすばらしさを楽しんだ方が良いではないか？

　人生には、明るい面と暗い面がある。それは、この相対性の世界が光と影でできているからだ。もし、悪いことばかりくよくよ考えるのを心に許したら、あなた自身が醜くなってしまう。あらゆるものの内に、善性や美点だけを見いだすようにして、自分の中に美しさを取り入れなさい。

――パラマハンサ・ヨガナンダ（『パラマハンサ・ヨガナンダの言葉』）

7月14日　正しい態度

わたしはひとに何も求めてはいない。だからひとがどんな行動を取ろうと、裏切られることもない。

——スワミ・スリ・ユクテスワ（『あるヨギの自叙伝』）

7月15日　　正しい態度

褒められたからといって気を緩めたりせず、さらに良くなる努力をしなさい。あなたが絶え間なく向上していくことで、あなたとあなたの周囲の人々が幸せになり、そして神も幸せになるのです。

——パラマハンサ・ヨガナンダ（『パラマハンサ・ヨガナンダの言葉』）

7月16日　正しい態度

他人の欠点に関心を持つのは止めなさい。英知というみがき粉を用いて、自分の心という部屋を、一点の汚れもなく、ぴかぴかにみがき上げなさい。あなたが見本を示せば、他の人々も感化され、自分の家を掃除しようという気を起こすだろう。

――パラマハンサ・ヨガナンダ（『パラマハンサ・ヨガナンダの言葉』）

7月17日　正しい態度

未来に生きるのではなく、今を生きなさい。明日を当てにするのではなく、今日、最善を尽くしなさい。

――パラマハンサ・ヨガナンダ（SRFの季刊誌より）

7月18日　　正しい態度

パラマハンサ・ヨガナンダによる
シスター・ギャナマタ追悼の辞より

「私は、シスターがほかの人を批判するのを、一度も見たことがありませんし、聞いたこともありません。彼女の口から、人をとがめる言葉を聞いたことは一度もありません。幸運にも彼女とかかわりのあった弟子たちはみな、新たな霊感を受けとり、そのだれもが『シスターは真の聖者だ』と言っていました。」

――パラマハンサ・ヨガナンダ
（『God Alone: The Life and Letters of a Saint』）

7月19日　正しい態度

次の三つの教えと瞑想の中に、どの弟子にも必要な人生の規則が含まれています。それは、無執着であること、神が「与え手」であると知ること、何事にも乱されない忍耐力です。このうち、どれか一つでも欠けている限り、私たちにはまだ克服しなければならない、深刻な霊的弱点があるのです。

――スリ・ギャナマタ
（『God Alone: The Life and Letters of a Saint』）

7月20日　　正しい態度

　もし私が、あなたに一番差し上げたいものを贈ることができるとしたら、それは、神とグルに対する正しい態度になるでしょう。また、人生に対する、仕事に対する、周囲の人々に対する、正しい態度になるでしょう。

　けれども、最も良い贈り物というのは、もらうことも、買うこともできないのです。魂からの贈り物や恵みは、日々の忍耐強い訓練によって手に入れなければなりません。このすべては、やがて必ずあなたのものになります。神があなたをお呼びになったこの場所で手に入れられないのなら、この世界のいったいどこで、見つけられるというのでしょう？

——スリ・ギャナマタ
（『God Alone: The Life and Letters of a Saint』）

7月21日　神の存在を感じる訓練

かつて私は、瞑想中、天の父がこうささやかれるのを聞きました。「お前は、わたしがお前から離れたと言うが、お前のほうが入って来なかったのだ。そのため、お前はわたしが離れたと思っただけだ。わたしはいつもお前の中にいる。お前が入って来さえすれば、いつでもわたしに会うことができる。わたしはいつもここにいて、お前が来るのを待っているのだ。」

――パラマハンサ・ヨガナンダ（『人間の永遠の探求』）

7月22日　　神の存在を感じる訓練

瞑想するときは、心を神に完全に没頭させなさい。そして仕事をするときは、心を仕事に完全に集中させなさい。けれども、仕事を終えたらすぐに、心を神に置きなさい。自由に神のことを考えられるどんな瞬間にも“神の存在を感じる訓練”ができるようになれば、たとえ仕事の最中であっても、自分が神と霊交していることに気づくでしょう。

――パラマハンサ・ヨガナンダ（SRFの季刊誌より）

7月23日　　神の存在を感じる訓練

自分の心が、この世についての無数の想念という迷路に迷い込んでしまったら、そのたびに根気よく連れ戻し、内なる神を思い出すようにしなさい。そうすれば、あなたはやがて、神がいつも共におられるのに気がつきます。神は、あなたの使っている言葉で話し、すべての花や木や草の葉を通して、あなたをのぞき見ておられるのに気づくでしょう。すると、あなたはこう言います。「わたしは自由だ！わたしは至高の霊《スピリット》の薄衣《うすぎぬ》に包まれた存在だ。わたしは光の翼で、地上から天国へと向かっている。」そのとき、どれほどの喜びが、あなたを貫《つらぬ》くことでしょう！

――パラマハンサ・ヨガナンダ（『パラマハンサ・ヨガナンダの言葉』）

7月24日　　神の存在を感じる訓練

神は、決して遠く近づきがたい存在ではありません。神について語り合い、聖典に記された神の言葉に聞き入り、神を思索し、瞑想の中で神を実際に感じるようになると、それまで実在しないと思っていたものが実在するとわかり、逆に、それまで実在すると思っていたこの世界が実在しないことがわかってきます。このような悟りにまさる喜びはありません。

——パラマハンサ・ヨガナンダ（『人間の永遠の探求』）

マハアヴァター・ババジ記念日

マハアヴァター・ババジは、真剣に学ぶすべてのクリヤ・ヨギを守って、至高の目標に導いてくださることを約束されたのである。……「敬虔の念をもってババジの名を呼ぶ者は、だれでも即座に、その霊的恵みを受けることができる」とラヒリ・マハサヤは言明しておられる。

——パラマハンサ・ヨガナンダ（『あるヨギの自叙伝』）

7月26日　神の存在を感じる訓練

私は、今この世でいろいろな事を計画したり実行したりしていますが、それはみな神に喜んでいただくためです。私はそれを確かめるために、仕事をしている最中でも心の中で、「主よ、どこにおられるのですか？」とささやきかけます。すると、私を取り巻いている世界が一変し、すべてが巨大な光に呑み込まれて、私はその光の海に浮かぶ小さな一つの泡になってしまいます。神の懐に抱かれた喜びとはこのようなものです。

──パラマハンサ・ヨガナンダ（『人間の永遠の探求』）

7月27日　　神の存在を感じる訓練

一日中、何の考えもなく気ままに過ごすのは易しいことですが、価値あることを考えたり行ったりして過ごすのはたいそう難しいことです。しかし、神は、われわれが何をしているかということよりも、われわれの心がどこにあるかということに関心を持っておられます。われわれは、みないろいろな困難を抱えていますが、神はどんな言い訳もお聞きにはなりません。神は、われわれがどんな困難な環境にあっても、心を片ときも神から離さないことを望んでおられるのです。

――パラマハンサ・ヨガナンダ（『人間の永遠の探求』）

7月28日　神の存在を感じる訓練

神にこう祈りなさい。「主よ、あなたは万物のつくり主です。だから私はあなたのもとへまいります。あなたが私に語りかけ、あなたの存在を感じさせてくださるまで、私はあきらめません。あなたなしでは、私は生きてゆけません！」

――パラマハンサ・ヨガナンダ（『人間の永遠の探求』）

7月29日　神の存在を感じる訓練

神のことを考えなくてよい言い訳などありません。昼も夜も心の背後で「神よ！神よ！神よ！」と唱えなさい。……皿を洗っていようと、溝を掘っていようと、オフィスで、あるいは庭で働いていようと――何をしていようと――心の中で言いなさい。「神よ、私にみ姿を現してください！あなたはここにおられます。あなたは日の光の中におられます。あなたは草の中におられます。あなたは水の中におられます。あなたはこの部屋におられます。あなたは私の心の中におられます。」

――パラマハンサ・ヨガナンダ（『Journey to Self-realization』）

7月30日　神の存在を感じる訓練

方位磁石をどの方向に向けても、針は北を差します。真のヨギも同様です。ヨギは、この世で多くの活動に従事するかもしれませんが、心は常に主なる神に向かっています。「わが主よ、わが主よ、最も愛すべきお方よ！」と心の中で常に歌っているのです。

――パラマハンサ・ヨガナンダ（『パラマハンサ・ヨガナンダの言葉』）

7月31日　神の存在を感じる訓練

美しい夕焼けを見たら、いつでもこう思いなさい。「神が空に絵を描いておられる」と。出会った人の顔をのぞき込みながら、心の中でこう思いなさい。「神がこの姿をとられた」と。どんな経験をするときも、このように考えるようにしなさい。「私の体の中の血液は神である。私の頭の中にある理性は神である。私の心の中にある愛は神である。存在するものすべては神である」と。

──パラマハンサ・ヨガナンダ（SRFレッスンより）

ジャンマシュタミによせて

バガヴァン・クリシュナ生誕記念日

クリシュナの生誕記念日は、インド暦（太陰暦）に従い、8月中旬から9月中旬にかけての満月の日から、月が欠け始めて8日目の日となります。

万物の内にわたしを見て、わたしの内に万物を見る者は、決してわたしを見失うことがなく、わたしもまたその者を見失うことがない。

どのように暮らしていようと、聖なる一体性の内に安住し、万物に内在するわたしを見る者、そのようなヨギは、わたしの内に永遠にとどまる。

おおアルジュナよ、自分以外のいかなる者の苦楽をも、自分自身の苦楽として感じることのできる者、そのようなヨギは、最高のヨギである。

——バガヴァン・クリシュナ（『バガヴァッド・ギーター』）

8月1日　神に委ねる

すべての義務の中でも、最も大切な義務は、神を思い起こすことです。朝一番にすべきことは、神を瞑想することであり、そして、自分の人生をどうやって神への奉仕に捧げられるか考えることです。そうすれば、あなたは一日中、神の喜びに満たされるでしょう。

——パラマハンサ・ヨガナンダ（SRFの季刊誌より）

8月2日　　神に委ねる

神の愛を見つけるためには、神にすべてを委ねる以外に方法はありません。神に自分の心を差しだせるよう、心を支配できるようになりなさい。

——パラマハンサ・ヨガナンダ（『The Divine Romance』）

8月3日　　神に委ねる

親愛なる父よ、どんな状況に直面しても、それは、次に進むためのステップにすぎないと、私は知っています。自分の内に「理解する知力」と「克服する力」があると知っているので、私はどんな試練も喜んで受け入れます。

――パラマハンサ・ヨガナンダ（『メタフィジカル瞑想』）

8月4日　神に委ねる

私の師、スリ・ユクテスワジは言われました。「神を知るには、何も期待しないことだ。信仰を持って至福に満ちた内なる神に向かい、ただ進んでいきなさい。」…… どんな善行を積むときも常に神を思い、どんな行為の結果も人生に起こるどんなことも、完全に神に委ねることによって、求道者は神の内に守られます。そうすれば、ついには神を見つけ出すことができるでしょう。

──パラマハンサ・ヨガナンダ
(『God Talks With Arjuna: The Bhagavad Gita』)

8月5日　神に委ねる

私はあなたのものです、主よ！ あなたに受け入れてもらえるような自分になります。

私は、主なる神の前に、何の犠牲も払わずに、ただ焼かれたいけにえを捧げるようなことはしません。私は、燃えさかる薪《まき》の上に、自分自身をくべて、自分の偏見と狭い心のすべてを、いとおしく感じる肉体のすべてを、焼いてしまいます。

「真の自己を悟る」という、たくさんの宝石が散りばめられた贈り物をいただけるよう、マハアヴァター・ババジ、ラヒリ・マハサヤ、スワミ・スリ・ユクテスワ、そして私のグル、パラマハンサ・ヨガナンダジの所へと、毎日私は、自分の心を引き上げます。

夜のしじまの中で、心の奥深くから叫びます。「お話しください、主よ、あなたのしもべが聞いております。」*

たとえ嫌な任務で呼ばれても、私は答えます。「主よ、私がここにおります。私をおつかわしください。」**

——スリ・ギャナマタ
（『God Alone: The Life and Letters of a Saint』）

---

* 『旧約聖書』サムエルI 3:9（訳注）
** 『旧約聖書』イザヤ 6:8（訳注）

8月6日　神に委ねる

私が自分の意志で行う活動の一つひとつに、あなたの聖なる活力が吹き込まれますように。私のあらゆる思い、あらゆる表現、あらゆる大望が、あなたの恵みで彩《いろど》られますように。おお、聖なる彫刻家であるお方よ、あなたのデザインどおりに、私の人生を彫り上げてください！

——パラマハンサ・ヨガナンダ（『Whispers from Eternity』）

8月7日　　神に委ねる

主は、われわれの心の流れを良くご存じです。主がわれわれの前にご自身を現されるのは、われわれが心の中に残っている世俗的な欲望をすべて神に捧げてしまったとき、そして、われわれ一人ひとりが、「父よ、私を導いて、あなたのとりこにしてください」と言ったときです。

――パラマハンサ・ヨガナンダ（『パラマハンサ・ヨガナンダの言葉』）

自分はどれほど神のために働いてきたかと、だれかが語るのを聞くと、その人の精神の貧しさがわかってしまいます。神のために正しい方法で働く人は、「自分が神のためにどれほど多くのことをしているか」という観点から考えることはありません。逆に、「神が自分にどれほど多くのことをしてくださっているか」とだけ考えるのです ―― 神は、人々に奉仕することができる肉体を与えてくださった。神と神の奇蹟について考える思考力を与えてくださった。そして神を父として、創造主として、唯一の恩人として、愛する心を与えてくださったと。

――パラマハンサ・ヨガナンダ（SRFの季刊誌より）

8月9日　　神に委ねる

どんなに一生懸命働こうとも、神に最大限の集中を捧げることなしに、眠りについてはなりません。あなたは死にません。しかし必要なら、神のために死になさい。

――パラマハンサ・ヨガナンダ（講話より）

8月10日　神に委ねる

「神よ、私の手と足はあなたのために働いています。あなたは私にこの世で演じるべき役割をくださいました。ですから、私がこの世でしていることはすべてあなたのためです。」神に自分自身を委ねなさい。そうすれば、自分の人生が美しい調べを奏でているのがわかるでしょう。もしあなたが、常に神を意識してすべてのことを行うのなら、神があなたのために毎日、特別な仕事を選んでおられるのがわかって嬉しくなるでしょう。

――パラマハンサ・ヨガナンダ（講話より）

8月11日　　浄化

クリヤ・ヨガは、バガヴァッド・ギーターがしばしば賞賛しているまことの“火の儀式”である。ヨギは、唯一なる神にささげた信仰のかがり火の中に、いっさいの人間的欲望を投げ入れる。するとそれらは、“神への愛”の炎となって燃え上がる。不滅の炎が無知をことごとく焼き尽くしたとき、彼は、すべてのけがれを落として清浄な身となるのである。……あらゆる欲望の肉片を焼き落とし、再びカルマの腐敗に侵されぬよう英知の太陽にさらされたヨギの骨は、ついに、人の目にも神の目にも清浄な白骨となるのである。

――パラマハンサ・ヨガナンダ（『あるヨギの自叙伝』）

8月12日　　浄化

神のご意志はいつも、グルを通して弟子に流れます。もし私たちが自分の訓練を、正しい精神で受け入れたなら、他のやり方では考えられないほど、私たちの徳性は高められます。

——スリ・ギャナマタ

(『God Alone: The Life and Letters of a Saint』)

8月13日　浄化

肉体的な欲望のとりこになるのはやめなさい。精神で肉体を支配できるようになるまでは、肉体はあなたの敵です。このことを常に覚えていなさい！ いつも神を思い、神をたたえ、神のみ名を広めるという望みだけを持つようにしなさい。何という喜びでしょう！ このような喜びが、お金によって得られるでしょうか？ いいえ！ その喜びは、神によってのみ得られるのです。

——パラマハンサ・ヨガナンダ（『Divine Romance』）

8月14日　浄化

私の心の国は、無知の煤《すす》でうす汚れています。自己訓練の努力という雨を常に降り注ぎ、私の霊的不覚という町から、古くより積もった迷妄という残滓《ざんし》を、取り除くことができますように。

——パラマハンサ・ヨガナンダ（『Whispers from Eternity』）

8月15日　　浄化

……「鉄を火の中で白熱するのは鋼にするためだ。」つまり、痛めつけるためではない、ということです。病気も困難も、われわれに教訓を与えます。苦しい経験はどれも、われわれを苦しめるためではなく、われわれの中にある不純物を燃やして天の家へ帰らせるために与えられるのです。神ほどわれわれの解放を心底望んでおられる方はほかにいません。

――パラマハンサ・ヨガナンダ（『人間の永遠の探求』）

8月16日　　浄化

ヨギを志す人は、東洋人であろうと西洋人であろうと、自分を訓練すべきです。肉体の要求に振りまわされてはなりません。もし自分が、ほかの事にはすぐに時間をつくるのに、神のための時間はいつも後回しにしてつくろうとしないのに気づいたら、自分をむち打って改める努力をしなさい。ためらうことは何もありません。時間をつくる方法はいくらでもあるはずです。自分を救うために本気で努力しない人をだれが助けるでしょうか？

——パラマハンサ・ヨガナンダ（『人間の永遠の探求』）

8月17日　浄化

　われわれは善いことをするにも、時には苦しまなければならないこともあります。神を見つけるためには、喜んで苦痛にも耐えなければなりません。神の永遠の慰めを得るために、肉体的苦痛に耐えたり精神を鍛えたりするのはなぜでしょうか？ イエスが神のために喜んで肉体を捨てたのは、何物にも替えがたいほど大きな喜びを神の中に見つけたからです。人生の目的は、その限りなく大きな幸福を手に入れること、つまり神を見つけることです。

――パラマハンサ・ヨガナンダ（『人間の永遠の探求』）

8月18日　浄化

私は、霊的進歩をこのように測るようになりました。瞑想しているときに光に包まれるとか、聖人の姿が見えるとか、そういうことだけではなく、現実のつらく冷たい光の中でどう忍耐できるかによって霊的進歩を測るようになったのです。キリストは瞑想状態に入って、自分が天の父と一体であること、つまり本当の自分を知るという栄光に満ちた悟りを得ることができました。けれども、キリストの偉大さは、そのことだけにあるのではなく、**耐え抜く**ことができたというところにあるのです。

――スリ・ギャナマタ
(『God Alone: The Life and Letters of a Saint』)

8月19日　　浄化

ヨガは明確で科学的です。ヨガは、段階的修行法によって少しずつ自分の進歩を確認しながら、最後に自分の魂を神に合一させます。ヨガは教義の違いを超えた、信仰の実践を重視します。私の先生《グル》、スリ・ユクテスワはヨガの効果を賞賛されましたが、それでも、神を知るまでの道程が決して容易ではないことを指摘して、いつも私に、たゆまず努力するよう注意されました。私はその教えを守って努力しました。そして、先生が約束してくれた結果を手に入れたとき、私はヨガのすばらしさを知りました。

――パラマハンサ・ヨガナンダ（『人間の永遠の探求』）

8月20日　　瞑想

魂の小さな喜びを、神のとてつもなく大きな喜びに結びつけてくれるのが、瞑想です。瞑想を、ただの集中と混同すべきではありません。集中とは、気を散らすものに注意をとられないようにすることと、自分が興味を感じる考えに焦点を当てることです。瞑想は集中の特別な形態であり、瞑想中には、注意力が落ち着きのなさから解放されて、神のみに焦点がおかれるようになります。それゆえ、瞑想とは、神を知るために用いられる集中なのです。

――パラマハンサ・ヨガナンダ（SRFレッスンより）

8月21日　　瞑想

熱心に、より長く瞑想を実践すればするほど、沈黙する神との喜びあふれる霊交に近づいていることを忘れずにいなさい。熱心さというのは、昨日よりも今日の瞑想を深めること、そして今日よりも明日の瞑想を深めることにあります。

——パラマハンサ・ヨガナンダ（SRFレッスンより）

8月22日　瞑想

「あしたはもっと長く瞑想しよう」などと言ってはならない。さもないと、自分の崇高な目的が達成されぬまま、一年が過ぎてしまったことに突然気づくことになるだろう。それよりも、こう言いなさい。「あれもこれも後回しにできる。しかし、神の探求だけは後回しにすることなどできない。」

――パラマハンサ・ヨガナンダ（『パラマハンサ・ヨガナンダの言葉』）

8月23日 瞑想

最も破壊的な、マーヤの惑わしの矢とは、瞑想する意欲を失わせることです。というのは、このような態度によって、神とグルに同調できなくなるからです。

──パラマハンサ・ヨガナンダ
(『Rajarsi Janakananda: A Great Western Yogi』)

8月24日　瞑想

先にすべき事は先にしなさい。朝、目が覚めたら、まず瞑想しなさい。さもないと、この世の雑事が一斉にあなたを取り囲んで、神のことを忘れさせてしまいます。夜は、眠りに捕まる前に瞑想しなさい。私は、しっかりと瞑想の習慣をつけてしまったため、眠ろうと思ってベッドに入ったあとも瞑想している自分に気づくことがあります。私は、普通の人のように眠ることができません。神といっしょにいる習慣のほうが先に来るのです。

—— パラマハンサ・ヨガナンダ（『人間の永遠の探求』）

8月25日　　瞑想

神を求めるときは、たとえ短い瞑想であっても強烈に集中して、神と何時間も過ごしたかのように思えるようになりなさい。

——パラマハンサ・ヨガナンダ（SRFの季刊誌より）

8月26日　瞑想

瞑想すればするほど、もっと人の役に立つようになり、もっと深く神に心を合わせられるようになります。利己的な人は精神が貧しいままですが、利己的でない人は意識が拡大していきます。瞑想の中で、自分の遍在性に気づいたときに、あなたは神を知るでしょう。もし神があなたのことをお喜びになったら、万物はあなたに調和して働きはじめます。全身全霊で神に話しかけることを学びなさい。

——パラマハンサ・ヨガナンダ（SRFレッスンより）

8月27日　瞑想

なぜ神が簡単に降参して、あなたがたの前に現れる必要があるというのでしょう？ お金のためには懸命に働いても、神を悟るためにはほとんど努力をしない、あなたがたのために！ ヒンズー教の聖者たちは、もしわれわれが、24時間というほんの短い時間、休みなく祈り続けたなら、神はわれわれの前に現れてくださるか、何か他の方法でご自身の存在を知らせてくださる、と言っています。もし、毎日たった1時間だけでも神への深い瞑想に専念すれば、神はいずれ来てくださるのです。

——パラマハンサ・ヨガナンダ（『パラマハンサ・ヨガナンダの言葉』）

8月28日　瞑想

　からだにどんな支障が生じても、瞑想だけは欠かさないようにしなさい。夜は、神と交わるまで眠ってはなりません。からだは、あなたに一日の疲れと休息の必要を訴えるかもしれません。しかし、それを無視して神に意識を集中すればするほど、あなたの生命は、大きな火の球のように喜びで燃え上がるでしょう。そのとき、あなたは自分が肉体ではないことを体験します。

――パラマハンサ・ヨガナンダ（『人間の永遠の探求』）

8月29日　瞑想

瞑想中に、光や幻が見えなくとも、嘆く必要はない。至福を実感できるまで奥へ奥へと入っていきなさい。そうすれば、至福の中で、神が本当におられると分かるだろう。部分的なものではなく、全体（神）を求めるようにしなさい。

——パラマハンサ・ヨガナンダ（『パラマハンサ・ヨガナンダの言葉』）

8月30日 瞑想

水の中に甘味料を入れれば入れるほど、水は甘くなります。そのように、熱心に瞑想をすればするほど、霊的な成長は早まります。

——パラマハンサ・ヨガナンダ（SRFレッスンより）

8月31日　　瞑想

　心の扉の背後にある沈黙のなかで、どれほど大きな喜びがあなたを待ちうけているかは、とても言葉で表現することはできません。しかしあなたは、自分で確かめなければなりません。つまり、瞑想を実践して、そのような状態を自ら作り出さなくてはならないのです。

――パラマハンサ・ヨガナンダ（SRFレッスンより）

9月1日　努力

お前が今からでも霊的修行の道にはいって努力するなら、未来は何事も好転してくるだろう。

――スワミ・スリ・ユクテスワ（『あるヨギの自叙伝』）

9月2日　努力

ヨガを行ずれば、戦いに半分勝ったようなものです。初めから情熱が湧いて来なくても、たゆまず続ければ、やがて神を見つけるのに必要な強烈な神への情熱が感じられるようになります。

ですから、まず努力しなさい。絶え間なくつくり出されるこの世のすべての美しい創造物は、どこから生まれてくるのでしょうか？ 偉大な魂たちの測り知れない知性は、神の無限の宝庫以外にどこから生まれてくるでしょうか？これほどの不思議を自分の周囲の至る所に見せられてもなお神を求める気を起こさない人たちに、どうして神はご自身を現そうとされるでしょうか？ 神は、あなたがたが何物にもまして神を慕い求めるように、すべての人に愛の能力を授けられたのです。その愛と理性を誤用してはなりません。集中力と知性を間違った目的に使ってはなりません。

――パラマハンサ・ヨガナンダ（『人間の永遠の探求』）

9月3日　努力

　われわれはしばしば、自分を変える努力を忘れて、そのためにいつまでも苦しんだり悩んだりしています。われわれが永続する平和と満足を見つけられない理由はそこにあります。根気よく自分を変える努力を続ければ、あなたはどんな困難でも必ず克服することができるようになります。不幸から幸福に、失望から勇気に乗り換えるために、あなたは自分を変える努力をすべきです。

――パラマハンサ・ヨガナンダ（『人間の永遠の探求』）

9月4日　　努力

神ご自身に来ていただくためには地道で絶え間ない情熱が必要です。このような情熱をだれかに教えてもらう訳にはいきません。自分で育てるしかありません。「馬を水のあるところへ連れていくことはできても、馬に水を飲ませることはできない」ということわざがあります。しかし喉が渇いていれば、馬は熱心に水を求めます。ですから、神を渇望する気持ちが十分に高まったとき、そして神以外の何かを ── この世の試練も肉体的な試練も ── 必要以上に重要視するのをやめたとき、そのとき神は来てくださるのです。

── パラマハンサ・ヨガナンダ（『神と話をする方法』）

9月5日　　努力

自分の信仰に時間を割かない人は、神についても未来についても、全く知ることができません。たいがいの人は、宗教的探究にはほとんど努力していません。仮に努力していたとしても、その深さと真剣さにおいて不十分です。夜の時間をもっと神とともに過ごすべきです。あなたは必要以上の睡眠を取って、多くの貴重な時間を浪費しています。夜は、あなたが神の国の探検に余念なく熱中できるように、この世の誘惑に幕が下ろされます。

——パラマハンサ・ヨガナンダ（『人間の永遠の探求』）

9月6日　努力

すべての魂は平等です。あなたとわたしの唯一の違いは、わたしは“努力した”ということです。わたしは自分の愛を神に示したので、神はわたしのところに来てくださいました。愛は磁石のようなもので、その磁石から、神は逃れることができないのです。

——パラマハンサ・ヨガナンダ（『パラマハンサ・ヨガナンダの言葉』）

9月7日　　努力

　もう少しだけ努力すれば、自分にはとても手が届かないように思えた状態を達成できると、私はいつも信じています。覚えていてください。だれも、大師でさえも、あなたのために何でもしてくれるわけではないのです。あなたは自分自身でたくさんのことをしなければなりません。

——スリ・ギャナマタ
（『God Alone: The Life and Letters of a Saint』）

9月8日　　努力

　もし神が見つからなければ、それはあなたの瞑想の努力が不十分だからです。一度や二度海に潜って真珠が見つからないからといって、海のせいにしてはなりません。あなたの潜り方が足りないからです。十分な深さまで潜らなければ、神という真珠は見つかりません。

──パラマハンサ・ヨガナンダ（『人間の永遠の探求』）

9月9日　　努力

　まず体を強くして、それから精神力を強めるべきです。精神力を強める一番の方法は、やりがいのあることを成し遂げようと毎日努力することです。あなたには無理だとこれまで人から言われてきた、何かやりがいのある仕事や計画を選び、挑戦してみましょう。自分にはできないとずっと思っていたことを実現するために、毎日努力してみましょう。

——パラマハンサ・ヨガナンダ（SRFのレッスンより）

9月10日　努力

あなたはもっと熱心に努力しなければなりません。過去は忘れ、神をもっと信じなさい。われわれの運命は、神によってあらかじめ定められているのではありません。もちろんわれわれの人生は、過去の想念や活動の影響を受けていますが、カルマだけによって人生が決まるのではありません。人生が思うように展開しないのなら、生き方を変えなさい。人がため息をついて、現在の失敗を過去世の過ちのせいにするのを、私は聞きたくありません。そんなことをするのは、霊的怠慢です。すぐに仕事に取りかかり、人生という庭に生えた、有害な雑草を取り除きなさい。

――パラマハンサ・ヨガナンダ（『パラマハンサ・ヨガナンダの言葉』）

9月11日　　努力

私が語っている経験はすべて、科学的に努力すればだれでも得られるものです。霊的法則に従えば、成果は確実に得られます。もし成果が現れないときは、自分の努力を反省しなさい。神を求める情熱と、教えを忠実に実行する努力だけが成功への鍵です。深い瞑想を毎日規則正しく行わない人は、瞑想しても心が鎮まらず、すぐにあきらめて立ち上がってしまいます。しかし、一日ごとに努力を積み重ねてゆけば、深く入ることができるようになります。私は、今では全く努力する必要がなくなりました。目を閉じてキリスト意識の中枢（眉間に位置する霊眼）を見つめるとすぐに全世界が消えてしまいます。

——パラマハンサ・ヨガナンダ（『人間の永遠の探求』）

9月12日　　正しい行い

心が、自分の行動と完全に一体化してしまうと、神に気づくことができません。しかし、外面的には活発に行動していても、内面的には落ち着いていて、心が神に向けられているのなら、あなたは正しく行動しています。

――パラマハンサ・ヨガナンダ（『Para-gram』）

9月13日　　正しい行い

自分の責任を負わなければならないのは、自分だけです。あなたに「最後の審判」の日が来たとき、これまでしてきた行為の責任をとってくれる人は、あなた以外にだれもいません。この世で——自分のカルマ(過去の行為)によって、生まれるように定められたこの世界で——あなたの仕事を果たせるのは、ただ一人、あなただけです。そして、あなたの仕事が「成功」だったと言えるのは、その仕事が同胞のため、何かの役に立ったときだけです。

——パラマハンサ・ヨガナンダ(『成功の法則』)

9月14日　　正しい行い

重要な仕事に取りかかる前には、静かに座って五感と心を鎮め、深く瞑想しましょう。そうすると、神の偉大な創造力が導いてくれます。

――パラマハンサ・ヨガナンダ（『成功の法則』）

9月15日　　正しい行い

気高い志を実現しようとあなたが尊い努力を積むたびに、神が導き励ましてくださいます。このことを忘れずに、小さな仕事も、重要な仕事と同じように、いつも深く集中して行いましょう。

——パラマハンサ・ヨガナンダ（SRFのレッスンより）

9月16日　　正しい行い

私はこれからまだ多くの仕事を引き受けますが、少しも負担には思っていません。それは、私がすべてを神のために行っているからです。

――パラマハンサ・ヨガナンダ（『人間の永遠の探求』）

9月17日　　正しい行い

あなたは、聖なる使命（神と再び一つになること）を果たすために地上に来たのです。その使命がどれほど、とてつもなく重要なことかを自覚しなさい！ 無限なる目標（神）の達成を、限界ある自我《エゴ》が邪魔するのを、許してはなりません。

――パラマハンサ・ヨガナンダ（『パラマハンサ・ヨガナンダの言葉』）

9月18日　　正しい行い

　自分の内側に平安があれば、私たちは、ビジネスの領域においてさえも、調和を保ちながら務めを果たすことができます。人と衝突する必要もなく、この世で立派なことを成し遂げられるのです。一日の仕事を終えたら、私たちは自分の内側に退いて、再び神とともにいることができます。やがては、ビジネスの世界にいてさえも、神の存在を完全に意識しながらすべての仕事ができるようになります。私たちの心が落ち着いて平和なら、たとえ何が来ても――成功であっても、あるいは一見失敗のように見えても――神のみ心が行われていると確信して、平静でいられるのです。

――ラジャシ・ジャナカナンダ
（『Rajarsi Janakananda: A Great Western Yogi』）

9月19日　正しい行い

今は、新しい仕事のことだけを考えなければならない。昔のことに執着してはならない。変化を平静に受け入れ、どんな任務を負っても、神のような自由な精神で遂行しなさい。

もしも今日、神が私に「帰って来なさい！」とおっしゃれば、私は振り返りもせずに、ここにあるすべての義務──団体、建物、計画、人々──を捨てて急いで神に従うだろう。世界を動かすのは神の役目だ。神がなさるのであって、あなたでも、私でもない。

──パラマハンサ・ヨガナンダ（『パラマハンサ・ヨガナンダの言葉』）

9月20日　　正しい行い

まず瞑想をして、神の存在を感じなさい。それから、神の意識に満たされたまま、仕事をしなさい。このようにすれば、あなたは決して疲れることがありません。愛するお方(神)のために働くのなら、あなたの人生は愛と力で満たされます。

――パラマハンサ・ヨガナンダ（SRFのレッスンより）

9月21日　　正しい行い

われわれは、神のご意志に従って自分の役割を完璧に演じられる良い俳優になるまでは、何度でもこの人生という舞台に登場させられるのです。そしてわれわれがそれを達成したとき、舞台監督(神)はこう言います。「お前は“もう外へ出なくてもよい”*。お前は、わたしの意図するとおりに、自分の役割を見事に演じ終えた。お前は、勇気を失わなかった。お前は今、わたしのこの永遠の神殿の不滅の柱になるために、わたしのもとに帰って来たのだ」と。

――パラマハンサ・ヨガナンダ(『人間の永遠の探求』)

* 『新約聖書』ヨハネの黙示録 3:12

9月22日　完成

あなたは自分の魂を、過去幾生涯を通じて物質意識の眠りの中に埋もれさせ、死と苦しみの悪夢で脅かし、痛めつけてきました。自分が魂であることを悟りなさい。あなたの感情の背後にある“感情”、あなたの意志の背後にある“意志”、あなたの能力の背後にある“能力”、あなたの理性の背後にある“理性”こそ、無限の神であることをいつも思い出しなさい。心の中の感情と、頭の中の理性が完全に調和するように結び付けなさい。そして、瞑想の静寂の中で、この世の自分というかりそめの存在をすべて忘れて魂の聖所に深く入り込むことにより、自分が何物にも侵されない聖なる存在であることを自覚しなさい。

――パラマハンサ・ヨガナンダ（『人間の永遠の探求』）

9月23日　完成

つまらないものを追い求めて時間を無駄にしないでください。究極の賜物《たまもの》である神ご自身をいただくよりも、何かほかの物をいただく方が当然簡単です。しかし至高のお方以外の何ものにも満足してはいけません。

——パラマハンサ・ヨガナンダ（『神と話をする方法』）

9月24日　完成

ほかの人がむだに時間を過ごしていても、あなたがたは神に夢中になっていなさい。先に進んで行きなさい。みずから模範を示すことで、人々の人生を変えるのです。自分自身を改めなさい。そうすれば、多くの人を改めることができます。

――パラマハンサ・ヨガナンダ
（『Rajarsi Janakananda: A Great Western Yogi』）

9月25日　完成

人間の神性を信ずることのできないどんな頑固な懐疑主義者でも、クリヤのかぎを用いることによって、ついには自分自身の完全な神性に目覚めるようになるであろう。

――パラマハンサ・ヨガナンダ（『あるヨギの自叙伝』）

ラヒリ・マハサヤのマハサマディ

ラヒリ・マハサヤは、遺体が火葬に付された翌日の午前10時、純化された現実の肉体をもって、それぞれ別の町に住む3人の弟子たちの前に姿を現された。

「この朽ちるものが朽ちないものを着、この死ぬものが死なないものを着るとき、死は勝利にのまれてしまったと記された聖書の言葉は成就するのである。死よ、お前の勝利はどこにあるのか。死よ、お前のとげはどこにあるのか。」*

——パラマハンサ・ヨガナンダ（『あるヨギの自叙伝』）

---

* 『新約聖書』コリント人への第一の手紙15:54–55

9月27日　　完成

夜空に輝く一つの月は、大空の闇を追放します。神を知った師の訓練を受け、真の信仰と、神に対する真摯で熱烈な愛をもつ魂は、この月のように、どこへ行っても周囲の人々の霊的な闇を追放します。

――パラマハンサ・ヨガナンダ（『人間の永遠の探求』）

9月28日　　完成

自分の注意力を、失敗から成功に、心配から落ち着きに、さ迷いから集中に、不安から平安に、そして平安から内なる神の至福に向け変えましょう。この聖なる悟りの境地に達したとき、あなたの人生の目的は、見事に達成されたことになるのです。

――パラマハンサ・ヨガナンダ（『成功の法則』）

9月29日　完成

真の自分は、いかなる不幸にも襲われることのない無限の存在であることを速やかに悟るために、たゆまず瞑想しなさい。クリヤの秘密のかぎを用いて、肉体の牢獄を脱け出し、無限の霊の中に逃げ込むことを学びなさい。

――ラヒリ・マハサヤ（『あるヨギの自叙伝』）

9月30日　　完成

ラヒリ・マハサヤの生誕記念日

わたしは常に、クリヤを行ずる者のそばに居る。わたしはお前たちの悟りが深まる度合いに応じて、お前たちを宇宙のふるさとに導いて行こう。

——ラヒリ・マハサヤ（『あるヨギの自叙伝』）

10月1日　　バランス

マハアヴァター・ババジからラヒリ・マハサヤへの言葉

「世の多くの人々は、家庭的きずなや雑多な世間的責任のために霊的修行を妨げられているが、彼らは、自分と同じ立場にあるお前を見て勇気づけられるだろう。……お前の放つ新しい聖なる希望のいぶきは、人々の渇いた心に浸透してゆくだろう。そして彼らは、お前の内外両面に均衡のとれた生活を見て、解脱を得るために必要なのは、外面的にではなく内面的に世を捨てることだということを理解するようになるだろう。」

――マハアヴァター・ババジ（『あるヨギの自叙伝』）

10月2日　　バランス

　気まぐれな人生ではなく、規則正しいバランスの取れた人生を生きてこそ、大師の方々の祝福を受けとれるのです。そのとき、あなたがたが悪の手先として使われるようなことは決してありません。

――パラマハンサ・ヨガナンダ（弟子たちへの講話より）

10月3日　バランス

自分のためではなく、神のために働くことは、瞑想と同じくらい良いことです。すると、仕事が瞑想を助け、瞑想が仕事を助けるようになります。バランスをとることが必要です。瞑想だけだと怠惰になり、活動だけだと心が世俗的になって、神を忘れてしまいます。

――パラマハンサ・ヨガナンダ（『パラマハンサ・ヨガナンダの言葉』）

10月4日　　バランス

重要でないことを重要なことのように考えたり、大切な問題を犠牲にしてつまらないことに集中したりしてはなりません。そういったことをすると、自分の成長が阻《はば》まれてしまいます。一時の感情に駆られて、自分の本来の義務と関係のない行動をとるのは望ましくありません。

――パラマハンサ・ヨガナンダ（『Para-gram』）

10月5日　バランス

どんな苦難の最中でも、また、富と権力を手にしてほほ笑んでいるときでも、平静な意識を保持しなさい。このような平常心を達成したとき、何物もあなたを害することはできなくなります。偉大な師たちの生涯は、みな彼らがこの聖なる平安の境地に達していたことを示しています。

――パラマハンサ・ヨガナンダ（『人間の永遠の探求』）

10月6日　　バランス

私は、落ち着きながら活動的であり、活動的な落ち着きを保つようにします。決して怠惰にはなりませんし、精神を硬直化させることもありません。お金を稼ぐことができても、人生を楽しむことができないような、活動しすぎる状態になることもありません。真の中庸を維持するために、私は規則的に瞑想します。

——パラマハンサ・ヨガナンダ（『メタフィジカル瞑想』）

10月7日　　バランス

物質と精神は、一つの宇宙、一つの真理の二つの側面に過ぎません。どちらか一方に偏ると、調和のとれた発達に必要なバランスを欠くことになります……心の平和を失わずにこの世で生きていく訓練をしなさい。心の奥にある「真の自己の悟り」というすばらしい庭園にたどり着くために、バランスのとれた道を歩みなさい。

――パラマハンサ・ヨガナンダ（『Para-gram』）

10月8日　　バランス

聖典の言葉をたくさん覚えることと理解することとは全く別だ。聖典は、一句一句をじっくり味わって身に着けるならば、霊的悟りを得るための意欲を刺激するうえに役立つが、単なる物知りになるための研究はいくら積み重ねても、なまはんかな知識と偽りの満足が得られるだけで、悟りを得るための役には立たない。

——スワミ・スリ・ユクテスワ（『あるヨギの自叙伝』）

10月9日　　　　　　　　　　　　　　　　　バランス

あなたがたは、この世にとどまらなければなりませんが、この世に染まってしまってはいけません。真のヨギは、人々と話したり交際したりすることがあっても、そのあいだずっと神に夢中になっているのです。

——パラマハンサ・ヨガナンダ（SRFのレッスンより）

10月10日　バランス

　数え切れないほどの人々が、かたよった人生を送り、未完成のままでこの世を去ります。神は私たち一人ひとりに、魂と心と体を与えられました。私たちは、魂と心と体を均等に成長させなければなりません。もし、これまで世俗の影響に支配されて人生を過ごしてきたとしても、これ以上この世の惑わしにだまされてはいけません。これからは、あなたが自分の人生を支配すべきです。自分の心の王国の支配者となるべきなのです。恐れ、心配、不満、不幸はすべて、英知を用いて人生を支配してこなかった結果として起こるのです。

――パラマハンサ・ヨガナンダ（SRFのレッスンより）

10月11日　勇気

恐怖は正面から直視せよ。そうすれば消えてしまうものだ。

――スワミ・スリ・ユクテスワ（『あるヨギの自叙伝』）

10月12日　勇気

私は今、自分が宇宙の力なるライオンであると知った。もはや泣き言などは言わない。全能なるあなたの声をとどろかせ、過ちの森を揺さぶるのだ。聖なる自由のもとに、この世の惑わしというジャングルを駆け抜けて、小うるさい心配や臆病というちっぽけな生き物や、疑いという野生のハイエナは、捕ってたいらげてしまおう。

おお、自由を与えるライオン（真の自己）よ！ すべてに打ち勝つあなたの勇気の咆哮《ほうこう》を、私を通して絶えずとどろかせよ。

——パラマハンサ・ヨガナンダ（『Whispers from Eternity』）

10月13日　　勇気

いつもびくびくしているのではなく、慎重で粘り強く、勇敢でいられる方法を教えてください。自分の良心を欺こうとしているとき、私が恐れるのは自分自身に他なりません。

――パラマハンサ・ヨガナンダ（『メタフィジカル瞑想』）

10月14日　　勇気

人間的な特質として勇気が必要であることが、教育の中で十分に強調されていません。私たちは忍耐することを学ばなければなりません。そして、それを学ぶただ一つの方法とは、忍耐することです。勇気があればこそ、人は、魂が肉体に輝かしい勝利をおさめるのを見ることができるのです。

――スリ・ギャナマタ
（『God Alone: The Life and Letters of a Saint』）

10月15日　勇気

人生で経験することをあまり真剣にとらえ過ぎてはいけませんし、何よりも、傷つかないようにすべきです。というのも、それは実際、夢の中の経験以外の何ものでもないからです……もし状況がひどく、忍耐する必要があるときでも、そのような状況が、自分の一部であるかのように考えてはなりません。人生においては、自分の役を演じるべきですが、それがただの役であることを忘れないようにしなさい。この世で何を失おうと、それは、あなたの魂にとっては損失ではありません。神を信頼して、恐れを打ち砕きなさい。何かを恐れると、身がすくんで成功への努力ができなくなり、まさにあなたが恐れていることを引き寄せてしまうからです。

——パラマハンサ・ヨガナンダ（『Para-gram』）

10月16日　勇気

私はすべての恐れを笑いとばします。なぜなら、私の父であり母であり愛する神は、悪の誘惑から私を守ろうとする思慮深い目的のもとに、注意深く気をつけていて、どこにでもいらっしゃるからです。

——パラマハンサ・ヨガナンダ（『メタフィジカル瞑想』）

10月17日　　勇気

恐れないということは、神を信頼しているということです。つまり、神の加護、神の正義、神の英知、神の慈悲、神の愛、神の遍在を信頼しているということです。……真の自己の悟りを得るのにふさわしい人間になるためには、恐れてはなりません。

――パラマハンサ・ヨガナンダ
(『God Talks With Arjuna: The Bhagavad Gita』)

10月18日　　勇気

賢い求道者は、恐れるというよりも、注意深くあるべきです。不安を呼び起こすような状況に、むやみに飛び込んでいくようなことはせず、不屈の勇気ある精神を育てるべきです。

——パラマハンサ・ヨガナンダ（SRFの季刊誌より）

10月19日　　勇気

あなたのみ名のために、私は血を流してきました。そしてあなたのみ名のためなら、私はいつでも喜んで血を流します。偉大な戦士のように、血まみれの手足で、痛んだ体で、傷ついた名誉をかかえ、あざけりという茨《いばら》の王冠をかぶり、ひるむことなく戦いつづけます。身につけた数々の傷あとはバラの花――悪との戦いに耐え忍ぶ勇気と励ましの象徴です。

人々を救おうと伸ばした両腕に攻撃を受け、愛ではなく迫害を受けつづけるかもしれません。けれども主よ、私の魂は、あなたの祝福という、太陽の光を浴びつづけます。あなたの導きのもとに、あなたの兵士は作戦を繰り広げ、あなたのために、悲しみに虐《しいた》げられている人々の心という土地を征服するのです。

――パラマハンサ・ヨガナンダ（『Whispers from Eternity』）

10月20日　　勇気

何も恐れることはありません。恐れるのは恐れることだけにしましょう。……覚えていてください。どんな試練が来ようとも、克服する力が足りないということはありません。神があなたに、耐えられる以上の試練を与えることはありません。

――パラマハンサ・ヨガナンダ（SRFの季刊誌より）

10月21日　誘惑に打ち勝つ

誘惑するものの中でも最悪なのは、落ち着きのなさです。なぜ有害なのかというと、心が落ち着かないと、あなたの注意力はこの世の事物に引きつけられ続け、神を知ることができなくなってしまうからです。もし規則正しく瞑想するなら、あなたはいつも神と共にあるようになります。

――パラマハンサ・ヨガナンダ（SRFレッスンより）

10月22日　誘惑に打ち勝つ

悪には悪の力がある。悪に心を許したら、捕らえられてしまう。自分が道を踏み外したと気づいたら、すぐに正しい道に戻りなさい。

――パラマハンサ・ヨガナンダ（『パラマハンサ・ヨガナンダの言葉』）

10月23日　　誘惑に打ち勝つ

誘惑に負けると、英知はとりこになってしまいます。最も速やかに誘惑を追い払う方法は、まず拒絶して（"NO"と言い）、その場から離れてしまうことです。そして、心が落ち着いて英知がよみがえってきてから、理性的に判断するのです。

——パラマハンサ・ヨガナンダ（SRFレッスンより）

10月24日　　誘惑に打ち勝つ

欲望は、人間にとって最も無慈悲な敵です。欲望を満足させることは、決してできないからです。神を悟るという、たった一つの欲望だけを持ちなさい。五感を満足させる欲望をいくら満たしても、あなたは満足できません。なぜなら、あなたは五感ではないからです。五感は、あなたの“しもべ”に過ぎず、本当のあなた（真の自己）ではないのです。

――パラマハンサ・ヨガナンダ（『パラマハンサ・ヨガナンダの言葉』）

10月25日　誘惑に打ち勝つ

誘惑はわれわれがつくり出したものではありません。誘惑は、マーヤ（惑わし）の世界に属しており、人はみなその影響を受けます。そこで、神はわれわれに、その影響を克服させるために、理性と、良心と、意志の力とを授けられたのです。

——パラマハンサ・ヨガナンダ（『人間の永遠の探求』）

10月26日　誘惑に打ち勝つ

道徳的・物質的な面から見て何か悪いことをしてしまうこと、それだけが誘惑を意味するのではありません。肉体や肉体の快適さにあまりにも夢中になって、魂を忘れてしまうこともまた誘惑なのです。

——パラマハンサ・ヨガナンダ（SRFレッスンより）

10月27日　誘惑に打ち勝つ

誘惑は、砂糖をかぶせた毒のようなものです。それは甘く感じますが、食べれば必ず死にます。人々がこの世に捜し求めている幸福は長続きしませんが、聖なる喜びは永遠です。幸福を求めるなら、永遠のものを求めなさい。そして、この世の束《つか》の間の喜びは冷淡に拒否しなさい。永遠なるものをしっかりと見定めて、この世の偽物に幻惑されてはなりません。神だけが真実の存在です。……真の幸福は、神を経験することの中にあります。

——パラマハンサ・ヨガナンダ（『人間の永遠の探求』）

10月28日　誘惑に打ち勝つ

明日になったら、今日よりももっとよく克服できるようになるのでしょうか？ どうして昨日に加えて、今日も失敗を積み重ねるのですか？ いつかは神を求めなければならないのなら、今すぐ始めた方が良いとは思いませんか？ とにかく自分自身を神に捧げてしまって、「主よ、善くても悪くても、私はあなたの子です。私の面倒を見てくださらなければなりません」と言いなさい。努力しつづけるなら、進歩します。聖者とは、“あきらめなかった罪びと”なのです。

――パラマハンサ・ヨガナンダ（『パラマハンサ・ヨガナンダの言葉』）

10月29日　誘惑に打ち勝つ

あなたには、神の子として、神から与えられるどんな試練をも克服しうる偉大な力が与えられていることを忘れてはなりません。

――パラマハンサ・ヨガナンダ（『人間の永遠の探求』）

（誘惑による）衝動に対して、古くから正しいとされている方法は、否定し、抑圧することでした。けれども人は、衝動を**コントロール**できるようにならなければなりません。誘惑されること自体は罪ではありません。誘惑に血が沸き立ったとしても、あなたは悪人ではありませんが、誘惑に負けると、悪の力に一時的にとらわれます。自分のまわりに、英知という防御壁を築かなければなりません。英知は、誘惑に対抗するために用いることのできる最も強い力です。すべてを理解する力があると、快楽が得られそうでも最後には自分が傷つくだけという行為に、誘い込まれないようになります。

――パラマハンサ・ヨガナンダ（SRFレッスンより）

10月31日　誘惑に打ち勝つ

間違った考え方によって過ちの穴に陥ったときは、こう祈りなさい——

「父よ、われらを過ちの穴に置き去りにしないでください。あなたのくださった理性と意志の力によって、ここから脱出させてください。そして、そのあと、なおもわれらを試そうとなさるなら、その前に、どうかあなたを経験させてください。そして、あなたが地上のいかなる誘惑よりも魅惑的であることを悟らせてください」と。

——パラマハンサ・ヨガナンダ（『人間の永遠の探求』）

11月によせて

感謝祭

カレンダーが感謝祭の時期を示すときだけでなく、**毎日**、自分に与えられている多くの祝福に感謝しましょう。物質的な豊かさを、感謝の理由とすべきではありません。世俗の財産が多くても少なくても、あなたは神からの贈り物で豊かに満たされています。神を愛しましょう。それは、神がくださるかもしれないこの世の事物のためではありません。神があなたの父として、ご自身という贈り物をくださるからです。

——パラマハンサ・ヨガナンダ（SRFの季刊誌より）

11月1日　簡素・純真

霊的な人生を送ると、人は幼な子のようになる。恨みもなく、執着もなく、元気で喜びに満ちるのだ。

——パラマハンサ・ヨガナンダ（『パラマハンサ・ヨガナンダの言葉』）

11月2日　簡素・純真

私は、だれも声にしたことのない賛歌を歌います。……神よ、あなたのために、知的に考え抜かれ、訓練されたアリアは歌いません。飾ることのない私の心の歌だけを歌います。あなたに捧げるのは、用心深い感情という水で育てた、温室の花ではありません。私の魂という最高峰の地で、自然に育った珍しい野生の花だけを捧げます。

──パラマハンサ・ヨガナンダ（『Whispers from Eternity』）

11月3日　　簡素・純真

どうして絶対に必要でないものをそんなに重要視するのですか？ ほとんどの人が考えていることといえば、朝食、昼食、夕食、仕事、社交活動、そんなところです。生活をもっと簡素にして、思いのすべてを主なる神に向けなさい。

――パラマハンサ・ヨガナンダ（『神と話をする方法』）

11月4日　　簡素・純真

何かが欲しいと主なる神に伝えることは、決して悪いことではない。しかし、次のようにただ言うことができるなら、もっと大きな信仰心を示すことになる。「天の父よ、私が必要とするものは、あなたがすべてご存じだと、私は知っています。あなたのみ心のままに、私の生命《いのち》を養ってください。」

――パラマハンサ・ヨガナンダ（『パラマハンサ・ヨガナンダの言葉』）

11月5日　　簡素・純真

あなたがたは、何と何さえあれば幸福になれるのだが、などと言います。しかし、いくら多くの欲望が満たされても、それで幸福になれるかと言えば、決してなれません。物は、持てば持つほど、さらに新しい欲が湧いてきます。簡素に生きることを学びなさい。主クリシュナはこのように語りました。「欲望をすべて内に向けて流す人は、心が常に満たされている。彼は、たえず流れ込んでくる河の水を呑み込んで動じない海に似ている。おのれの平安の水桶に欲望の穴をあけて平安の水を漏らす者は、ムニ（苦行者・賢者）ではない。」

——パラマハンサ・ヨガナンダ（『人間の永遠の探求』）

11月6日　　簡素・純真

私の師スリ・ユクテスワは、人の好奇心をそそるような超物質的世界の話はあまりなさろうとされなかった。そのためよそ目にはごく平凡で、特に目立った特徴といえば、その完全な率直さぐらいなものであった。先生の驚くべき能力は、文字どおり不言実行によって示された。

——パラマハンサ・ヨガナンダ（『あるヨギの自叙伝』）

11月7日　　　簡素・純真

神がいっしょにいてくださると、どんなに必要と思っていたものも要らなくなってしまいます。この意識に入るとき、あなたは普通の人よりも健康になり、何をやっても楽しく、おおらかな気持でするこことができるようになります。つまらないものを求めるのはやめなさい。それらは、あなたを神から引き離すだけです。生活を簡素化して、王者となるための実験を、いま始めなさい。

――パラマハンサ・ヨガナンダ（『人間の永遠の探求』）

11月8日　　簡素・純真

すべてのことには何らかの意義がありますが、だからといって、真の幸福を犠牲にして時間を無駄にするのは良くありません。私は必要のない活動はすべて止めてしまいました。瞑想して神を知るための努力をし、昼も夜も神の聖なる意識の中にとどまるようにするためです。

――パラマハンサ・ヨガナンダ（SRFの季刊誌より）

11月9日　簡素・純真

たとえ正しい種類の感情というものがとても心地よいものだとしても、私たちは、あまりにも自分の感情にとらわれすぎています。あなたがどう感じるかということは、そんなに重要なことなのでしょうか？ 自分の運命に耐えるというのが神のご意志なら、そうすべきです。正しく行動してください。そうすれば、いつか平安や喜びのような正しい感情が、あなたに訪れるでしょう。

――スリ・ギャナマタ
（『God Alone: The Life and Letters of a Saint』）

11月10日　簡素・純真

神に心を合わせ、神に絶対の信頼を寄せるというのは、実に素晴らしいことです。神があなたをどこに置こうと、どのような運命にしようと満足し、謙虚さと信仰をもって、すべてを受け入れるのです。

――パラマハンサ・ヨガナンダ（SRFの季刊誌より）

11月11日　信愛——神への献身的な愛

神に対する献身的な愛を呼び起こしなさい！ イエスのこの言葉を思い出しなさい。「天の父よ、あなたはこれらの事を、知恵ある者や賢い者には隠して、幼な子のような者にお示しになりました。」

——パラマハンサ・ヨガナンダ（『パラマハンサ・ヨガナンダの言葉』）

11月12日　　信愛──神への献身的な愛

神は言われた。「すべてに浸透する常に新たな喜び(瞑想中に感じられる常にいや増す至福）としてのわたしを、体と心と魂で知ろうと努力し、祈り、瞑想する者──そのようなわが子の、熱烈な愛の呼びかけに、わたしは静かに、しっかり応える。」

──パラマハンサ・ヨガナンダ（SRFレッスンより)

11月13日　信愛──神への献身的な愛

神は、たえず人々の心の中を探しながら、純粋なまことの愛だけを求めておられます。神は幼な子のように、われわれがいくら財産を差し出して呼んでも見向きもしませんが、ご自分に対する愛の呼び声には、すぐに駆け寄って来られます。

神を求めるときは、下心があってはなりません。ただ無条件の、いちずな、不屈の信仰をもって祈るべきです。神に対する愛が、自分のからだに対する愛着と同じくらい強まれば、神はあなたに来られるでしょう。

──パラマハンサ・ヨガナンダ（『人間の永遠の探求』）

11月14日　　信愛 ― 神への献身的な愛

覚えていてください。あなたの意志の内には、神の意志が存在しているのです。心の内では、神以外の何ものも愛してはいけません。神は「ねたむ」神*なのです。神を求めるのなら、神を求める欲望以外のすべての欲望を、心の中から捨て去ろうとする意志を持たなければなりません。

―― パラマハンサ・ヨガナンダ（SRFレッスンより）

* 『旧約聖書』出エジプト記 20:5（訳注）

11月15日　　信愛 ― 神への献身的な愛

あなたの魂が神を求める熱意で燃えだすような祈りだけが、神を動かすのです。あなたは今までに、何かどうしても叶えて欲しいと思う事があったり、緊急にお金が入用だったりしたとき、そんなふうに熱心に祈った経験があるでしょう。そのときあなたは、自分の願望でエーテルを燃やしていたのです。神に対しても、それと同じ熱意を込めて祈りなさい。昼も夜も訴えなさい。そうすれば神は応えてくださいます。

―― パラマハンサ・ヨガナンダ（『人間の永遠の探求』）

11月16日　　信愛 ――神への献身的な愛

仕事をしているときも、沈黙の中にいるときも、たえず神を思い、心からの願いを込めて神に語りかけなさい。そうすれば、あなたと神とを隔てている迷妄の霧は消えてしまいます。そして、今まで、美しい花々や、大勢の魂たちや、愛情や、夢の中で、あなたとかくれんぼをしておられたお方が姿を現してこう言うでしょう。「わたしは長い間、お前から姿を隠していた。それは、お前が自発的にわたしを愛するのを待っていたからだ。わたしは、お前をわたしの似すがたにつくった。そして、お前がわたしの与えた自由意志を、わたしを愛するために使うかどうか見たかったのだ。」

――パラマハンサ・ヨガナンダ（『人間の永遠の探求』）

11月17日　　信愛——神への献身的な愛

「神への愛に欠ける」という考えに集中するのではなく、愛をはぐくむように努めなさい。神があなたの前に現れてくださらないからと言って、なぜ動揺するのだろう？ あなたがどれほど長い間、神を無視してきたのかを考えてみなさい。もっと瞑想しなさい。もっと深く集中しなさい。……自分の習慣を変えていけば、あなたの心の中に、実にすばらしい神の記憶がよみがえってくる。そうして神を知れば、あなたは間違いなく、神を愛するようになるだろう。

——パラマハンサ・ヨガナンダ（『パラマハンサ・ヨガナンダの言葉』）

11月18日　　信愛――神への献身的な愛

真に神を愛する者は、心の中でいつもこう言っています。「主よ、主よ、私は、あなたが創造する惑わしのドラマの中に引き込まれたくありません。人々の魂の内にあなたの寺院を打ち立てるのを助ける以外、このドラマに巻き込まれたくありません。私の心、私の魂、私の体、私の考え――すべてはあなたのものです。」このような深い愛は神に届きます。このように神を愛する人は、神を知っています。

――パラマハンサ・ヨガナンダ（SRFの季刊誌より）

11月19日　　信愛 ―神への献身的な愛

自分が神をどれほど深く愛し、どこまで神に近づいたかをだれにも漏らしてはなりません。宇宙の主はあなたの愛を知っておられます。他人に吹聴すると、かえってそれを失うことになります。

――パラマハンサ・ヨガナンダ（『人間の永遠の探求』）

11月20日　　信愛 ―― 神への献身的な愛

神は、不断の信仰と愛によって見つかります。あなたが、神の贈り物ではなく、贈り物を与えてくださるお方だけを求めるなら、そのとき、神はあなたのもとに来られます。

――パラマハンサ・ヨガナンダ（SRFの季刊誌より）

11月21日　　感謝

毎日が、生命という贈り物に対する感謝の日であるべきです――太陽、水、風味の良い果物や野菜などは、偉大な与え手(神)から私たちへの間接的な贈り物です。神の贈り物を受けるにふさわしくなるように、神は私たちが働くようになされました。すべてに満ち足りておられる神は、どれほどの心からの感謝であったとしても、私たちの感謝を必要としておられません。けれども、神に感謝すると、あらゆるものの供給源である偉大なお方に注意力が集中されるので、私たちにとって最高の恩恵がもたらされるのです。

――パラマハンサ・ヨガナンダ（SRFの季刊誌より）

11月22日　　感謝

私たちの愛しい人々は、永遠の愛を約束してくれる。しかし愛しい人々が、死という大いなる眠りに落ち、地上での記憶が捨て去られてしまうのなら、人々の誓いに、何の価値があるのだろう？　一体だれが、言葉で語ることなく、私たちを永遠に愛してくれるのだろう？　すべての人が私たちのことを忘れてしまったなら、一体だれが、私たちを覚えていてくれるのだろう？　この世の友人たちのもとを、立ち去らなければならないとき、それでもなお私たちと共にいてくれるのは一体だれだろう？　ただ神のみ！

——パラマハンサ・ヨガナンダ（『Whispers from Eternity』）

11月23日　　感謝

幸運という夏が、わが生命の木を暖めると、感謝の思いですぐに香り高い花がほころびます。おお主よ、不運という冬の日々にも、むき出しになったわが枝が、心に秘めた感謝の香りを、あなたに向けて、変わることなく漂《ただよ》わせ続けられますように。

——パラマハンサ・ヨガナンダ（『Whispers from Eternity』）

11月24日　感謝

神に感謝し賛美することによって、あなたの意識の中に、霊的に成長しながら必要が満たされていく道が開かれます。神《スピリット》が流れていくことのできる道が開かれると、すぐに神は目に見える姿・形をとります。いつもすべてのことに感謝しなければなりません。考え、話し、行動するすべての力は神から来ていることに気づき、そして神は今、あなたがたと共におられ、あなたがたを導き、霊感を与えてくださっていることに気づいてください。

——パラマハンサ・ヨガナンダ（感謝祭のメッセージより）

11月25日　　感謝

主には多くの側面がありますが、その一つに、いじらしい側面があります。その側面だけを見れば、主はまるで乞食のようであるとさえ言えるでしょう。主は、われわれに振り向いて欲しいと切望しておられるのです。宇宙の支配者であり、その一瞥《いちべつ》で、すべての星や、太陽や、月や、惑星を慄《おのの》かせることのできるお方が、人間を追いかけて、こう言っておられるのです。「わたしに愛を与えてくれないのですか？ あなたがたのために創った様々な物よりも、その与え手であるわたしを愛してくれないのですか？ わたしを探し求めてはくれないのですか？」

しかし人間は言います。「今とても忙しいのです。しなければならない事があるのです。あなたを探すために時間を割くことはできません。」

すると主は言われます。「それでは待っています。」

——パラマハンサ・ヨガナンダ（『パラマハンサ・ヨガナンダの言葉』）

11月26日　感謝

　われわれは、神のくださる命や、日光や、食物や、そのほかあらゆる贈り物には手を差し出してそれを受け取りますが、それらを与えてくださる神に対してはほとんど無関心です。もしあなたが、だれかに好意をもって贈り物を贈ったとき、相手があなたのことを無視したら、あなたはどんなに傷つけられるでしょう。神も同じ思いです。

――パラマハンサ・ヨガナンダ（『人間の永遠の探求』）

11月27日　感謝

インドの偉大な大師の一人であるパラマハンサ・ヨガナンダという人物を通じて、インドは、魂の覚醒という計り知れない貴重な英知を私たちにもたらしてくれました。何世紀にもわたり、インドの最も偉大な聖者たちは、人間のもつ聖なる可能性を探求するために、すべてを捨ててその人生をささげてきました。この偉大な聖者たちを輩出し続けてきた国民に、私たちはどれほど感謝しなければならないことでしょう！　パラマハンサジの教えという形で、インドが今日の私たちに与えてくれたものに対して、私たちがインドに何かお返ししようとしても、これ以上に価値あるものを差し出すことはできません。今日の西洋人には、魂の力を発揮させるための霊的技法が、緊急に必要とされています。その技法こそがクリヤ・ヨガです。インドから来た一人の大師によって初めて私たちにもたらされた、いにしえの科学なのです。

──ラジャシ・ジャナカナンダ
（『Rajarsi Janakananda: A Great Western Yogi』）

11月28日　　感謝

私の愛する神ほど、神聖さで酔わせてくださる存在は、この世にはありません。私は絶えず神の美酒を飲み続けます。「おお、わが魂という古酒よ、汝を自分の内なる大海から飲んで気づく。汝は決して尽きることがないと。汝は幸せあふれる満天の星空――この空に飾られた、宇宙のすべての星々は、いつもわが心の内で喜びにときめいている。」

――パラマハンサ・ヨガナンダ（感謝祭のメッセージより）

11月29日　　感謝

自分のすべての能力は天の父からの贈り物であることを思い出しながら、心の背後ではいつも、いとしき神のために、愛の聖歌を静かに口ずさんでいなさい。

——パラマハンサ・ヨガナンダ（SRFレッスンより）

11月30日　感謝

父なる神よ、私の目が閉ざされていたとき、あなたへと通じる扉を見つけられませんでした。あなたが私の目を癒されたので、その扉を今どこにでも見つけることができます――花の芯の内に、友情の声の内に、すてきな思い出の内に。私の祈りがほとばしり出るたびに一陣の風となって、あなたがおられる広大な寺院への入口を、新たに開いていきます。

――パラマハンサ・ヨガナンダ（『Whispers from Eternity』）

12月によせて

真のクリスマスのお祝いとは、私たちの内にあるキリスト意識に気づくことです。どのような宗教を信じていようとも、すべての人にとって最も大切なのは、あまねく存在するキリストの「誕生」を、自分自身の内で経験することなのです。

宇宙はキリストの体です。そして宇宙のあらゆるところに、制約を受けることなく存在するのが、キリスト意識です。目を閉じ、瞑想して全宇宙が自分の体のように感じられるまで意識を広げたとき、あなたの内にキリストがお生まれになっています。するとあなたは、自分の心とは、キリストのおられる宇宙意識という海の、一つの小さな波であることが分かるでしょう。

SRFでは、クリスマスの季節に、キリストを瞑想して礼拝するために一日をささげるという行事を考え、実行し始めました。この行事が廃れてしまうことは、決してありません。ロサンゼルスのSRF本部では、12月23日に終日瞑想会を行って、イエスの誕生日を霊的に祝います。同じように、キリストを信仰するすべての人は、23日を霊的なクリスマスとし、ますます瞑想を深めて一日を過ごすようにしましょう。そして25日は社交的なクリスマスとして、親戚や友人と、クリスマスの聖なる季節をお祝いしましょう。

今日の世界で、霊的な復活の兆しとして、最も勇気づけられることの一つは、このような長い瞑想会を開いてイエスの生誕を祝いたいという、キリスト教徒の思いが高まってきたことです。クリスマス瞑想というこの霊的習慣が、すべてのキリスト教徒に取り入れられる日が、やがて訪れるでしょう。私はそう予言します。

——パラマハンサ・ヨガナンダ（SRFの季刊誌より）

12月1日　独りで過ごすこと

　霊的な道とは、かみそりの刃を渡るようなものです。決して容易ではありません。偉大さや神の悟りを得るには、独りになるという犠牲を払わなければなりません。私は独りでいるとき、神とともにいます。あなたがたもそうあるべきです。

――パラマハンサ・ヨガナンダ（弟子たちへの講話の中で）

12月2日　　独りで過ごすこと

他人とは、あまり親密にならないようにしなさい。友情というものは、神への愛という共通の土台がない限り、われわれを満足させることはありません。人から愛され理解されたいという、われわれの人間的な願望は、実は、神との合一を求める魂の熱望のあらわれなのです。その熱望を満たそうと、外部の人や物に求めれば求めるほど、聖なる友（神）を見つけられる可能性は減っていってしまいます。

——パラマハンサ・ヨガナンダ（『パラマハンサ・ヨガナンダの言葉』）

12月3日　　独りで過ごすこと

あなたがたも霊的修行の日記を付けなさい。私は若いころ、毎日どれくらい瞑想して、どれくらい深い状態まで入ったかを記録していました。また、できるだけ独りの時間を持つようにしなさい。余暇を単なる社交目的の付き合いに使ってはなりません。人といっしょにいて神の愛を見つけるのは困難です。

――パラマハンサ・ヨガナンダ（『人間の永遠の探求』）

12月4日　独りで過ごすこと

「独りきりで神と過ごすために、山に行こうと思います。」ある会員がパラマハンサ・ヨガナンダに申し出ました。

「あなたは、その方法では霊的に進歩しないでしょう。」パラマハンサジは答えました。「あなたの心は、神《スピリット》に深く集中する準備がまだできていません。たとえ洞窟に座り続けても、ほとんどの時間を人々に関する記憶と世間的な娯楽について、あれこれ考え続けるでしょう。あなたにとっては、この世における自分の務めを喜んで果たしながら、日々の瞑想を続ける方が、より良い道なのです。」

——パラマハンサ・ヨガナンダ（『パラマハンサ・ヨガナンダの言葉』）

12月5日　独りで過ごすこと

神をまだ見つけていない間は、娯楽に興味を持たない方が良い。気晴らしを求めるということは、神を忘れることを意味する。最初に、神を愛し神を知ることができるようになりなさい。そのあとなら、何をしても構わない。なぜなら、あなたの思いの中には、いつも神がおられるようになるからだ。

——パラマハンサ・ヨガナンダ（『パラマハンサ・ヨガナンダの言葉』）

12月6日　独りで過ごすこと

いつもお互いに冗談ばかり言い合っていてはならない。自分の内側で、明るく幸せになりなさい。なぜ無用のおしゃべりをして、あなたがたが得た直覚を浪費してしまうのだろう？ 言葉とは、鉄砲玉のようなものだ。言葉の力をつまらないおしゃべりに用いると、内なる弾薬庫の蓄えはむだに減ってしまう。あなた方の意識は、ミルク容器のようなものだ。容器を瞑想の平安で満たしたら、その状態を保つべきだ。冗談は、たいてい偽物の喜びであり、容器の側面に穴を開け、平安というミルクを全部こぼしてしまう。

——パラマハンサ・ヨガナンダ（弟子たちへの講話の中で）

12月7日　独りで過ごすこと

心の中では自分独りでいなさい。大勢の人に流されて目的のない人生を送ってはなりません。瞑想し、良い本をもっと読みなさい。……ときどき映画を見に行ったり社交的な付き合いに出席するのは結構ですが、自由時間はできるだけ独りになり、内的生活に当てなさい。……孤独の価値を知りなさい。しかし、人と付き合わなければならないときは、愛と友情のすべてをつくして付き合いなさい。そうすれば、その人たちはいつまでもあなたのことを忘れず、自分に貴重な霊感を与え自分の心を神に向けてくれた人のいたことを、機会あるごとに思い出すでしょう。

――パラマハンサ・ヨガナンダ（『人間の永遠の探求』）

12月8日　　静寂

真の礼拝とは、静かに座って瞑想し、神に語りかけることです。しかし、あなたがたは集中が不十分で、なかなかそれができる深さにまで達しません。あなたがたが迷妄の中から脱け出すことができないのもそのためです。

——パラマハンサ・ヨガナンダ（『人間の永遠の探求』）

12月9日　静寂

スリ・ユクテスワの沈黙の習慣は、彼が無限の神の中に深く目覚めていたことによるものだった。いまだ悟りに達していない世の師たちが好んで交わすような神の議論に費やす時間は、先生にはなかったのである。ヒンズーの聖典は言っている。「浅薄な人間にあっては、雑念の小魚が波乱を巻き起こす。しかし、大海のような心の持ち主においては、霊感の鯨がさざ波さえ立てぬ」と。

——パラマハンサ・ヨガナンダ（『あるヨギの自叙伝』）

12月10日　　静寂

瞑想中に学んだことを、行動や会話の中で実践しなさい。瞑想で得た静寂の境地をだれにも乱されてはなりません。内なる平和を保ち続けなさい。……貴重な時間とエネルギーを、無駄話をして過ごしてしまってはなりません。静寂の内に食事をし、静寂の内に仕事をしなさい。神は静寂を愛されます。

――パラマハンサ・ヨガナンダ（SRFレッスンより）

12月11日　静寂

自分の内側の環境を築き上げなさい。沈黙を実践しなさい！ 私は大師たちの素晴らしい訓練を思い出します。われわれがおしゃべりをしていると、大師たちは「自分の内なる城に戻りなさい」と言われたものでした。当時はその意味を悟ることができなかったのですが、今では、大師たちが示された、平安を得るための方法が理解できるようになりました。

——パラマハンサ・ヨガナンダ（SRFレッスンより）

12月12日　　静寂

私の静寂が、膨らんでいく球のように、至るところへと広がります。

私の静寂が、ラジオから流れる歌のように、上に下に、左に右に、内に外に、広がっていきます。

私の静寂が、至福という燃えさかる野火のように広がります。こうして悲しみの暗い藪《やぶ》や、プライドというオークの高木が、燃やし尽くされていきます。

私の静寂が、エーテルのようにすべてを越えていき、地球、原子、星の歌を、神の無限の大邸宅の広間へと運んでいきます。

——パラマハンサ・ヨガナンダ（『メタフィジカル瞑想』）

12月13日　　静寂

何か重要な問題で決定を下すときには、その前に、静かに座って神の祝福を求めましょう。そうすれば、あなたの力の背後に、神の力がはたらくようになり、あなたの心の背後には神のみ心が、あなたの意志の背後には神のご意志がはたらくようになります。

——パラマハンサ・ヨガナンダ（『成功の法則』）

12月14日　静寂

静寂の深みからは、神の至福が、間欠泉のように必ず吹き上がります。そして、人間という存在に満ちあふれるのです。

――パラマハンサ・ヨガナンダ（『パラマハンサ・ヨガナンダの言葉』）

12月15日　　クリスマス

　われわれ人間の意識が聖なる意識に目覚めるためには、キリストについての限定的で型にはまった考え方から脱却しなければなりません。私にとって、クリスマスといえば、霊的な崇高さが思い浮かびます。つまり、キリストとはすべての創造物に内在する知的意識であり、われわれの心はキリストの祭壇であると悟ることなのです。

――パラマハンサ・ヨガナンダ（『Journey to Self-realization』）

12月16日　クリスマス

遍在なる幼子《おさなご》キリストの到来に備えて、私は、わがまま・無関心・感覚的執着で汚れていた「意識」という飼い葉桶を清めます。そのために、毎日の深く神聖な瞑想・内省・識別で、「意識」の飼い葉桶を磨きます。神の子の誕生を適切に祝うことができるように、兄弟愛・謙虚さ・信仰・神を悟る熱望・意志の力・自制・放棄・無私の精神という輝かしい魂の特質で、飼い葉桶を作り直します。

――パラマハンサ・ヨガナンダ（『メタフィジカル瞑想』）

キリストは、優しさという飼い葉桶にお生まれになります。憎しみという破壊の力よりすぐれているのは、愛という思いやりの力です。ほかの人に何かを言ったりしたりするときは、いつでも愛を込めなさい。だれも傷つけてはいけません。人を裁いてはなりません。だれも憎まず、すべての人を愛しなさい。すべての人の内にキリストを見なさい。……何事も共通性という観点から考えるようにしなさい。

——パラマハンサ・ヨガナンダ（『Journey to Self-realization』）

12月18日　クリスマス

目を上方に向け、自分の内側に集中しましょう。どこにでもキリストが見られるように、幽界《アストラル》の神聖な英知の星を見つめ、そして肉眼では見えないこの星を、あなたの内にある賢明な思考で追いかけましょう。

この永遠のクリスマスの地、祝祭の喜びに満ちた、遍在のキリスト意識の地で、イエス、クリシュナ、すべての宗教の聖者、大師《グル》たちが、神聖な花であなたを受け入れ、永遠の幸せを与えようと待っているのが分かるでしょう。

――パラマハンサ・ヨガナンダ（『メタフィジカル瞑想』）

12月19日　　クリスマス

イエスはもう来ないのでしょうか？ 形而上の観点から見れば、彼はすでに宇宙に遍在しています。彼は、すべての花々の中であなたがたにほほ笑みかけています。彼は、自分のからだである宇宙のどんな隅々の出来事も意識しています。そよ吹く風も彼の息吹きです。彼は、神のキリスト意識と一つになって、すべての生き物の中に生きています。もし、あなたに見る眼があれば、万物の中にくまなく君臨している彼を見ることができます。

――パラマハンサ・ヨガナンダ（『人間の永遠の探求』）

12月20日　　クリスマス

　真の自己を悟ることと、単なる想像との間には、大変な違いがあります。ただ想像するだけなら、毎日、潜在意識の次元の夢や、心の内にキリストの幻影を見るかもしれません。しかしそういったものは、キリストと真に交流していることを意味するわけではありません。イエスの真の訪れとは、「キリスト意識」と霊的に交わることなのです。このように自分をキリストに同調させれば、あなたの人生すべてが変わるでしょう。

――パラマハンサ・ヨガナンダ（『Journey to Self-realization』）

12月21日　　クリスマス

おお、キリストよ、私の頭も心もあなたのとりこにしてください！ すべての人への愛となって、私の内に生まれ出てください。すべての原子に宿るあなたの意識が、無条件の忠誠心となって――グルへの、偉大な大師の方々への、そして聖なるイエス、あなたへの、それから万物の父である「至高のお方」への、無条件の忠誠心となって――私の内に表れ出ますように。

――パラマハンサ・ヨガナンダ（SRFの季刊誌より）

12月22日　　クリスマス

きょうは、心からの歌と愛で、キリストに訴えましょう。そして自己の悟りを深めることで、キリストを説き伏せましょう。熱意のすべて、内なる知覚力のすべてをもって、自分の意識を、内なる幸せだけに集中します。時間は忘れましょう。喜びが自分の内に広がるのを感じたら、あなたの歌をキリストが聴いておられると理解してください。あなたが単に歌詞だけに集中しているなら、キリストと一つになっていません。しかし心の中で、あなたの喜びが歌っているのなら、キリストが聴いておられます。

——パラマハンサ・ヨガナンダ（SRFの季刊誌より）

12月23日　　クリスマス

私は、最も深い瞑想によって透明になり、自分を貫《つらぬ》く、天の父の光を受け取ります。瞑想で広がった魂の意識によって神を完全に受け入れ、イエスがそうであったように、私は神の子になります。私は、信仰、神への愛、瞑想という羊飼いたちについて行きます。羊飼いたちによって、私は、内なる英知の星を通り、遍在のキリストへと導かれます。

——パラマハンサ・ヨガナンダ（SRFの季刊誌より）

12月24日　　クリスマス

思いのすべてを尽くして、瞑想のクリスマスツリーを、神への愛という貴重な贈り物で飾ります。「キリストが来られて、私のささやかな贈り物を受け取ってくださいますように」と、黄金色に輝く心からの祈りを込めて、贈り物に封をします。

すべてのモスク、教会、寺院での礼拝に、私は心の中で参加します。そして、神を愛するすべての人の心の祭壇に、普遍のキリスト意識が、平安として生まれるのを見ます。

――パラマハンサ・ヨガナンダ（『メタフィジカル瞑想』）

12月25日　　クリスマス

　あなたがたが今感じているクリスマスの感動が、きょうだけで終わらずに、これから毎晩瞑想するたびに感じられるよう祈ります。それを感じながら、心の中からすべての雑念を追い出して静寂に入ったとき、聖なるキリスト意識があなたを訪れるでしょう。われわれは、イエスの精神に完全に従えるようになったとき、内なるキリストの存在を毎日経験するようになります。

――パラマハンサ・ヨガナンダ（『人間の永遠の探求』）

12月26日　　クリスマス

皆さん、こうして私のクリスマスは、ますます高まる永遠の喜びの中でいつまでも続くでしょう。もし、この喜びが世間の普通の幸福のように限りあるものだったら、早晩すべてが終わる時が来るでしょう。しかし、どんな聖者も、神の“常に新たな喜び”を汲みつくすことはできません。

——パラマハンサ・ヨガナンダ（『人間の永遠の探求』）

12月27日　忍耐

作物を育てるために土地を耕すときには、不要な雑草をすべて取り除く忍耐が必要です。そして不毛の地のように見えても、隠れている良い種が芽を出して成長するまで待つ忍耐も必要です。さらに忍耐が必要なのは、意識という原野をきれいにすることです。そこには、感覚的な喜びへの執着という雑草がはびこっており、根絶するのは非常に難しいことです。しかし、意識という原野がきれいになり、良い性質という種がまかれたら、気高い行動という苗木が芽を出し、本当の幸せという果物が豊かに実るでしょう。深い瞑想によって神との霊交を求めるためには、そして朽ち易い物質的な肉体の中に隠れている、あなたの不滅の魂を知るためには、何にもまして忍耐しなければなりません。

——パラマハンサ・ヨガナンダ（『Para-gram』）

12月28日　　　　　　　　　　　　忍耐

本当は、あなたが望んでいるものは、常にあなたと共に、手や足よりも近くにあるのです。いつでもあなたを、世界的な不況や個人的な落ち込みから、引き上げることができるのです。神を、忍耐強く待ちましょう。

——スリ・ギャナマタ
（『God Alone: The Life and Letters of a Saint』）

12月29日　　忍耐

霊的開花が毎日起こることを期待してはなりません。種をまき、祈りと正しい努力という水をやりなさい。芽が出たら世話をして、まわりに疑いや優柔不断や無関心という雑草が生えてきたら、引き抜きなさい。ある朝、あなたは突然、待ち望んでいた悟りという霊的開花を目の当たりにするでしょう。

――パラマハンサ・ヨガナンダ（『Para-gram』）

12月30日　忍耐

あなたは真のあなたの敵であるのに、それを自覚していません。あなたは静かに座ることを知りません。神のために時間をささげることも知りません。そして、忍耐することも知らずに、天国にはやすやすと行けることを期待しています。しかし、天国は、ただ本を読んだり、説教を聞いたり、慈善を行ったりするだけでは手に入りません。神と会うには、神にささげる長時間の深い瞑想が必要なのです。

――パラマハンサ・ヨガナンダ（『人間の永遠の探求』）

12月31日　忍耐

新年には、過去の悲しみは忘れて、もうくよくよ考えるのはやめようと決心しましょう。断固たる決意と揺るぎない意志をもって、新しい人生を送り、新たに良い習慣を身につけ成功を収めましょう。昨年が希望のないほど悪い年であったとしたら、新しい年は、希望あふれる良い年になるに違いありません。

——パラマハンサ・ヨガナンダ（SRFの季刊誌より）

SRFの目的と理想

各人が神を直接経験するための明確な科学的技法を、世界中の人々に広める。

人生の目的は自らの努力によって、生死に束縛された有限の人間意識から神の意識に進化することであることを教え、これを広く普及させるために、瞑想の聖所を、世界の各地に、各家庭に、各人の心の中に打ち立てる。

イエス・キリスト自身が説いた教えと、バガヴァン・クリシュナが教えたヨガとの根本的な一致を明らかにし、かつ、その根源原理が、あらゆる宗教に共通する科学的真理であることを示す。

毎日科学的方法によって神を瞑想することこそ、あらゆる真の信仰が最後にたどるべき神への本道であることを示す。

人間を、肉体の病気と、心の不調和と、魂の無知の三重苦から救い出して、完全な自由の中に解放する。

簡素な生活と高邁な思想を奨励し、人はみな神の家族であり、神性を宿した兄弟どうしであることを教えて、同胞愛の精神を広める。

心は肉体にまさり、魂は心にまさることを自ら実証して人々に知らせる。

善をもって悪を、喜びをもって悲しみを、親切をもって残酷を、英知をもって無知を征服する。

科学も宗教も、同じ原理の上に立つ一つの真理体系の中の異なる分野に過ぎず、何ら矛盾するものではないことを実証する。

東洋と西洋がそれぞれ育んできた文化的および霊的知識の相互理解と交流をはかる。

人類全体を大いなる自己と観て、それに奉仕する。

Self-Realization Fellowship
創設者　パラマハンサ・ヨガナンダ
会長　　ブラザー・チダナンダ

日本語の書籍

以下の本は書店、出版社およびＳＲＦから購入できます。
森北出版社 www.morikita.co.jp
SRF www.srfbooks.org

『あるヨギの自叙伝』	パラマハンサ・ヨガナンダ著
『人間の永遠の探求』	パラマハンサ・ヨガナンダ著
『聖なる科学』	スワミ・スリ・ユクテスワ 著

以下の本は SRF から直接購入できます。
Self-Realization Fellowship
3880 San Rafael Avenue
Los Angeles, CA 90065-3219 USA
Tel +1-323-225-2471
Fax +1-323-225-5088
www.srfbooks.org

『成功の法則』	パラマハンサ・ヨガナンダ著
『メタフィジカル瞑想』	パラマハンサ・ヨガナンダ著
『神と話をする方法』	パラマハンサ・ヨガナンダ著
『科学的な癒しのアファメーション』	パラマハンサ・ヨガナンダ著
『内なる平和』	パラマハンサ・ヨガナンダ著
『神はなぜ悪を許されるのか』	パラマハンサ・ヨガナンダ著
『宗教の科学』	パラマハンサ・ヨガナンダ著
『パラマハンサ・ヨガナンダの言葉』	パラマハンサ・ヨガナンダ著
『オンリー・ラブ――愛だけが――』	スリ・ダヤ・マタ著
『心の静寂の中へ』	スリ・ダヤ・マタ著
『師弟関係』	スリ・ムリナリニ・マタ著

『セルフ・リアリゼーション』誌――スリ・ダヤ・マタ追悼特集号

英語の書籍

SRFから直接購入できます。

— パラマハンサ・ヨガナンダの著書紹介 —

Autobiography of a Yogi

The Second Coming of Christ: The Resurrection of the Christ Within You
イエスの本来の教えについての注釈。天啓の書。

God Talks with Arjuna: The Bhagavad Gita
これまでにないバガヴァッド・ギーターの翻訳・注釈書。

Man's Eternal Quest
パラマハンサ・ヨガナンダの講話・談話集、第一巻。

The Divine Romance
パラマハンサ・ヨガナンダの講話・談話・エッセイ集、第二巻。

Journey to Self-Realization
パラマハンサ・ヨガナンダの講話・談話集、第三巻。

Wine of the Mystic: The Rubaiyat of Omar Khayyam — A Spiritual Interpretation
『ルバイヤート』の不思議な心象風景の背後に秘められた、神との霊交の科学、神秘の科学を明らかにする、天来の注釈書。

Where There Is Light: Insight and Inspiration for Meeting Life's Challenges

Whispers from Eternity
パラマハンサ・ヨガナンダが高い瞑想の境地で得た、聖なる体験と祈りのコレクション。

The Science of Religion

The Yoga of the Bhagavad Gita: An Introduction to India's Universal Science of God-Realization

The Yoga of Jesus: Understanding the Hidden Teachings of the Gospels

In the Sanctuary of the Soul: A Guide to Effective Prayer

Inner Peace: How to Be Calmly Active and Actively Calm

To Be Victorious in Life

Why God Permits Evil and How to Rise Above It
Living Fearlessly: Bringing Out Your Inner Soul Strength
How You Can Talk With God
Metaphysical Meditations

心を高める瞑想、祈り、アファメーションの数々。300以上を収録。

Scientific Healing Affirmations

パラマハンサ・ヨガナンダがアファメーションの科学を奥深く説明した書。

Sayings of Paramahansa Yogananda

導きを求めて来た人々へ向けられた、パラマハンサ・ヨガナンダの率直で愛に満ちた言葉と賢明な助言を集めた書。

Songs of the Soul

パラマハンサ・ヨガナンダによる神秘的な詩。

The Law of Success

人生の目標を達成するための、原動力を生みだす原理を説明した書。

Cosmic Chants

神への愛の歌60曲(英詩と楽譜)を収録。聖歌の詠唱によって、どのように神との霊交へと導かれるかを説明した序文つき。

── パラマハンサ・ヨガナンダの CD・DVD ──

Beholding the One in All
The Great Light of God
Songs of My Heart
To Make Heaven on Earth
Removing All Sorrow and Suffering
Follow the Path of Christ, Krishna, and the Masters
Awake in the Cosmic Dream
Be a Smile Millionaire
One Life Versus Reincarnation
In the Glory of the Spirit
Self-Realization: The Inner and the Outer Path

— その他のＳＲＦ書籍の紹介 —

The Holy Science *Swami Sri Yukteswar*著
Only Love: Living the Spiritual Life in a Changing World *Sri Daya Mata*著
Finding the Joy Within You: Personal Counsel for God-Centered Living *Sri Daya Mata*著
God Alone: The Life and Letters of a Saint *Sri Gyanamata*著
"Mejda": The Family and the Early Life of Paramahansa Yogananda *Sananda Lal Ghosh*著
Self-Realization
(1925年パラマハンサ・ヨガナンダ創刊の季刊誌)

ＳＲＦの書籍、CD、DVD 等の総合カタログを
希望される方はご連絡ください。

入門用小冊子（無料）

パラマハンサ・ヨガナンダの教えと、クリヤ・ヨガを含め師が教えた科学的瞑想法は、ＳＲＦのレッスン(通信講座)として特別にまとめられています。日本語では、重要なヨガ行法を説明した三つの要約レッスンが用意されています。詳細について知りたい方は、小冊子『セルフ・リアリゼーションとは？』をお取り寄せください。英語、スペイン語(全レッスン)およびドイツ語(短縮版)については、希望の言語を指定したうえで、小冊子『UNDREAMED-OF POSSIBILITIES』をお取り寄せください。小冊子はいずれも無料です。

www.ingramcontent.com/pod-product-compliance
Lightning Source LLC
Chambersburg PA
CBHW020730160426
43192CB00006B/170